BARBARA BERCKHAN

Wie Sie anderen den Stachel ziehen, ohne sich zu stechen

Mit schwierigen Menschen gut auskommen

Inhalt

3 Mein schwieriger Typ ist anders

Schlusswort

Zum Nachschlagen

Vorwort

Neben mir
sitzt ein Verrückter – oder?

Oh nein, bitte keine Verrückten! Kaum hatte ich in der S-Bahn einen Platz am Fenster gefunden, da setzte sich ein Mann direkt neben mich. Und der war eindeutig verrückt: Er brabbelte die ganze Zeit vor sich hin. Auf dem Schoß hatte er eine große Topfpflanze, die er mit beiden Händen fest umklammerte. Mit diesem Grünzeug sprach er in einem strengen Tonfall.

Zuvor hatte ich stundenlang an diesem Buch geschrieben, und jetzt hatte ich frei. In meiner Freizeit wollte ich nichts, aber auch gar nichts mit schwierigen Menschen zu tun haben. Aber dieser Verrückte musste sich ausgerechnet neben mich setzen, als hätte er gerochen, dass schwierige Menschen mein Spezialgebiet sind. Ich fürchtete, nach der Topfpflanze würde dieser Typ nicht nur seine Pflanze, sondern auch mich vollquatschen. Deshalb schaute ich angestrengt aus dem Fenster.

Dieses Aufeinandertreffen war schon erstaunlich: Jetzt in der Bahn tat ich genau das, was ich vor ein paar Minuten aufs Papier gebracht hatte. Ich schrieb darüber, dass wir unseren Mitmenschen gern ein negatives Etikett aufdrücken, wenn sie unseren Ansprüchen nicht genügen. Genau das hatte ich gerade getan.

Ich hatte diesem Topfpflanzen-Besprecher das Etikett »verrückt« aufgedrückt. Und jetzt durfte ich meine Beurteilung fühlen. Wie fühlt es sich an, neben jemandem zu sitzen, den ich für verrückt hielt? Es fühlte sich nicht gut an. Ich war angespannt und wollte da weg. Ich tat so, als müsste ich aussteigen. In Wirklichkeit wollte ich mich woanders hinsetzen, weiter hinten in den Wagon. Ich stand auf, er zog seine Beine ein und ließ mich durch.

Da sah ich es: An seinem rechten Ohr steckte ein Gerät. Das war ein Headset fürs Handy – sehr praktisch, wenn man beim Telefonieren beide Hände frei haben will, um beispielsweise eine große Topfpflanze zu transportieren.

Die Wunderheilung in der S-Bahn

Der Typ war nicht verrückt. Ich hatte ihm dieses Etikett verpasst, weil ich nicht alle Fakten kannte. Die entscheidende Seite seines Kopfs – die mit dem Headset – hatte ich vorher nicht gesehen.

Als ich verstand, dass er nur telefonierte, begann das, was man eine Wunderheilung nennen könnte. Ohne je ein Wort mit ihm gewechselt zu haben, wurde dieser

Verrückte für mich zu einem normalen Menschen, mit dem ich mich wohl fühlen konnte. Doch alles, was sich tatsächlich geändert hatte, waren meine Gedanken. Jetzt hatte ich Verständnis für ihn. Ich hatte erkannt, warum er sich so verhielt, warum er in die Pflanze brabbelte. Mein Verständnis hatte alles geändert.

Jetzt einmal nur unter uns: Wer war nun in Wirklichkeit der schwierige Typ?

Ich habe mich trotzdem nach hinten in den Wagon gesetzt und über diese Szene nachgedacht. Dabei musste ich über mich selbst ein wenig lachen. Während ich leise vor mich hin kicherte, fiel mir die Frau auf, die mir gegenüber saß. Sie schaute mich irritiert an. Wahrscheinlich kam ich ihr ein wenig verrückt vor.

Bin ich normal oder schwierig? Oder beides?

Beim Schreiben dieses Buchs habe ich das meiste, was Sie hier lesen können, am eigenen Leib erfahren. Wie ein Medizinstudent, der ein Lehrbuch über Krankheiten liest und dabei feststellt, dass er gerade dieselben Symptome hat, die in dem Buch beschrieben werden. So ähnlich erging es mir auch: Ich schrieb über schwierige Menschen und hatte die gleichen Probleme. Am schlimmsten war es bei dem Kapitel über den Wüterich und den Antriebslosen.

Ich hielt mich immer für eine friedliebende Frau. Aber als ich über den Wüterich schrieb, hatte ich gleich drei Missgeschicke, bei denen ich aus der Haut gefahren bin. Alles nur Kleinigkeiten, aber ich war dermaßen geladen – ich hätte die Wände hochgehen können. Jetzt habe ich sehr viel Verständnis für alle Wüteriche da draußen und für den Wüterich, der in mir wohnt.

An dem Kapitel über den Antriebslosen arbeitete ich wochenlang. Ich schrieb alles fünf Mal um, und zwischendurch spielte ich an meinem Computer immer wieder ein paar Runden Solitär. Ich erreichte neue Rekordzahlen bei den gewonnenen Spielen, während mein Schreiben stagnierte. Ja, ich erlebte am eigenen Leib, wie die Antriebslosigkeit funktioniert.

Aus dem Schreiben dieses Buches habe ich eine wichtige Erkenntnis gewonnen: Ich kann mich von den schwierigen Menschen nicht distanzieren. Ich kann nicht so tun, als wären da draußen viele Typen total daneben, während ich makellos bin. Ich kann nicht auf den schwierigen Typen herumhacken und so tun, als hätten diese Leute nichts mit mir zu tun. Doch die Wahrheit sieht anders aus: Alles, was die schwierigen Leute veranstalten, kann ich auch. Oder es ist zumindest potenziell in mir angelegt. Deshalb werden die schwierigen Leute in diesem Buch mit Verständnis behandelt. Das Verständnis, das ich mir auch für mein Schwierigsein wünsche.

Warum **Menschen** manchmal so schwierig sind

1

Kein Mensch wacht morgens auf und schreibt auf seine To-do-Liste: Heute werde ich mal nervig sein. Ich schreibe das so klar, weil wir oft genau das Gegenteil denken. Oft glauben wir, unsere Quälgeister würden uns mit voller Absicht nerven. Wir unterstellen ihnen, sie könnten sich besser benehmen, wenn sie sich nur ein wenig zusammenreißen würden. Mit ein bisschen gutem Willen und etwas Vernunft könnten diese Leute angenehmer sein. Aber so einfach ist das nicht.

Verhaltensmuster entstehen im Gehirn

Dieses Buch handelt von Menschen, die uns schwierig vorkommen. Ich sage auch gern: die reizenden Typen. Ihr Verhalten ist so charakteristisch, dass ich sie einfach so nenne, wie sie sich oft benehmen: Wüterich, Nörgler, beleidigte Leberwurst, Lästermaul und so weiter. Ihr schwieriges Verhalten ist kein Zufall und auch kein seltener Ausrutscher. Es ist ein sich wiederholendes Muster, ein früh erlerntes, über die Jahre antrainiertes Verhalten.

Unser Gehirn organisiert unser Verhalten sehr gern in immer wiederkehrende Routinen. Das sind gewohnte Muster, die es uns erlauben, schnell zu reagieren, ohne dabei viel nachzudenken. Autofahren,

Erlernte Verhaltensmuster engen uns ein und fesseln uns.

mit zehn Fingern tippen, sich die Zähne putzen – das sind Tätigkeiten, die wir anfangs trainieren, damit sie dann später automatisch ablaufen. Auch unser Umgang mit anderen Menschen wird vom Gehirn so organsiert. Wir gewöhnen uns bestimmte Verhaltensweisen an, und später reagieren wir automatisch. Die Art, wie wir reden, wie wir auf andere Menschen zugehen, wie wir uns streiten, wie wir mit unserer Angst und unserem Ärger umgehen – all das haben wir früh gelernt, und jetzt leben wir mit diesen zahlreichen Verhaltensmustern. Schwierig wird es erst, wenn ein automatisches Verhaltensmuster beim Betreffenden selbst oder bei anderen Menschen viel Stress erzeugt. Das können Wutausbrüche sein oder häufiges Nörgeln, Unentschlossenheit oder Passivität. Dann haben wir ein Problem.

Früh übt sich ... auch das Schwierigsein

Ein Mensch mit einem schwierigen Verhaltensmuster hat sich dieses Benehmen oft schon früh angewöhnt und manchmal steckte die blanke Not dahinter. Alle Kinder versuchen, mit ihrer Familie und in ihrer Umgebung einigermaßen gut zurechtzukommen. Da alle Kinder lernende Wesen sind, lernen sie auch schnell, wie sie das schaffen. Wenn ein Kind merkt, dass ein bestimmtes Verhalten gut funktioniert, ihm einen Vorteil verschafft oder dass es damit aus einer Klemme herauskommt, dann gewöhnt es sich dieses Verhalten an. Denken Sie zum Beispiel an ein Kind, das von der Mutter gern eine Süßigkeit bekommen möchte. Es hat die Erfahrung gemacht, dass die Mutter ablehnend reagiert, wenn es Süßes wütend fordert oder wenn es weinerlich herumquengelt. Spricht dieses Kind aber im normalen Tonfall, bekommt es öfter, was es sich wünscht. Das Kind lernt, dass ein normaler Tonfall ohne zusätzliches Drama seine Chancen, etwas zu bekommen, verbessert. Dieses Verhalten wird bei ihm belohnt, und damit entsteht ein Verhaltensmuster.

Besonders **schnell** und **intensiv** werden **Verhaltensmuster** gelernt, die aus der **Angst** geboren werden.

Stellen Sie sich ein kleines Kind mit seinen Eltern vor. Alle zusammen schlendern durch ein Kaufhaus. Das Kind läuft zwischen den Verkaufsständen hin und her. Plötzlich sieht es seine Eltern nicht mehr. Mama und Papa sind weg. Überall fremde Leute. Das Kind bekommt große Angst. Es hat Angst davor, völlig verlassen zu sein. Später finden sich alle wieder. Aber das Kind weicht seinen Eltern nicht mehr von der Seite. Es klammert sich an die beiden. Die Eltern verstärken dieses Verhalten, indem sie das Kind loben, weil es jetzt so brav ist und nicht mehr im Kaufhaus herumläuft.
Wenn das klammernde Verhalten des Kindes weiterhin von den Eltern durch Lob und Zuwendung verstärkt wird, kann daraus ein Verhaltensmuster entstehen. Dieses Muster ist unter Umständen bis ins Erwachsenenalter wirksam. Wenn dieser Mensch Stress erlebt oder Angst bekommt, startet das erlernte Verhaltensmuster automatisch. Er sucht Nähe und klammert sich an andere Menschen.

Die Fesseln der Gewohnheiten abstreifen

Verhaltensmuster funktionieren automatisch, aber sie sind veränderbar. Durch Lernen und Trainieren sind diese Verhaltensmuster entstanden – und genau so lassen sie sich auch ändern. Wir können aus unseren Routinen und Gewohnheiten aussteigen, unsere Automatismen ab-trainieren, quasi ent-lernen. Aber dazu brauchen wir Selbsterkenntnis und Achtsamkeit im Alltag. Das achtsame Bemerken ist der Schlüssel, mit dem wir an unsere eigenen Verhaltensmuster herankommen. Diese Achtsamkeit können wir lernen und uns angewöhnen. Im Alltag bedeutet das, dass wir lernen, uns zu beobachten. Wir nehmen aufmerksam wahr, wie wir uns verhalten und an welchen Stellen wir automatisch reagieren. Dabei können wir feststellen, wann genau unsere Verhaltensmuster anspringen. Bei welchen Gelegenheiten werden wir automatisch ärgerlich? Wann werden wir redselig, und wann ziehen wir uns zurück? Was muss jemand tun, damit wir unsicher werden? Und wann fangen wir an, uns selbst zu kritisieren?

Was wir nicht können, ist, diese Sache für einen anderen Menschen zu erledigen. Jeder ist für seine eigenen Automatismen zuständig. Aber wir können darauf achten, dass wir nicht automatisch schwierig werden, wenn sich unser Gegenüber »reizend« benimmt.

Wir können unsere Verhaltensmuster und Gewohnheiten ändern.

Warum es wichtig ist,
vom Haken zu kommen

Ich habe im Laufe meiner Arbeit immer wieder festgestellt, dass ein schwieriges Verhaltensmuster allein nicht unbedingt ein Problem sein muss. Problematisch wird es für uns erst, wenn wir uns in dieses Verhaltensmuster verwickeln. Ich nenne das auch: sich darin verhaken.

Die häufigste Art, sich zu verhaken, besteht im Widerstand. Wir lehnen das Verhalten des anderen ab. Wir wollen das nicht erleben. Wir wollen uns nicht so fühlen, wie wir uns gerade fühlen. Je mehr wir den anderen ablehnen, desto mehr Stress erleben wir. Wir verlangen vom anderen, er solle sich ändern, und wir hoffen, dass wir uns besser fühlen, wenn der andere sich anders benimmt. Genau damit hängen wir am Haken: Wir geben dem anderen die Macht über unsere Gefühle. Wir verlangen, dass der andere Mensch sich so verhält, dass wir zufrieden oder sogar glücklich sind. Damit das auch passiert, doktern wir am anderen herum. Wir versuchen, den anderen zu ändern. Wir reden mit Engelszungen oder mit Sticheleien auf ihn ein, probieren es mit Vorwürfen oder guten Argumenten. Dabei treiben wir den Haken immer tiefer in unser eigenes Fleisch. Wie wir uns selbst damit unglücklich machen, beschreibe ich ausführlich im nächsten Kapitel.

In diesem Buch geht es darum, wie Sie sich am Stachel des anderen nicht stechen, wie Sie vom Haken kommen. Ja, es ist möglich: Sie können aufhören, sich in das schwierige Verhalten eines anderen Menschen zu verhaken. Wenn Sie das schaffen, hört für Sie der Stress auf, und Sie können sich entspannen. Dafür muss sich der schwierige Mensch nicht ändern.

Wie man einem Hamster das Fliegen beibringt

Der Philosoph Friedrich Nietzsche hat geschrieben: Der Mensch hat eine wahre Wollust darin, sich durch übertriebene Ansprüche zu vergewaltigen. Ich möchte noch hinzufügen: Der Mensch ist die einzige Spezies, die es schafft, auch ihre Artgenossen mit übertriebenen Ansprüchen zu quälen. Das, was der Mensch sich selbst antut, tut er auch gern seinem Nächsten an.

Menschen, die wir schwierig nennen, genügen unseren Ansprüchen nicht. Wir verlangen im Stillen, die Leute sollen sich so benehmen, wie wir es für richtig halten. Sie sollen so vernünftig, anständig und korrekt sein, wie wir uns das vorstellen. Wenn jemand dagegen verstößt und unseren Ansprüchen nicht genügt, beurteilen wir ihn negativ. Wir denken: Mit dem stimmt was nicht, und damit wird dieser Mensch für uns schwierig. Was wir dabei oft vergessen ist: Das Schwierigsein haben wir erfunden. Es begann mit unseren Ansprüchen.

Ja, manche Leute genügen unseren Ansprüchen nicht. Diese Leute frustrieren uns. Wir ärgern uns über sie, und damit wir uns besser fühlen, versuchen wir, sie zu ändern. Erst reden wir mit ihnen, dann fangen wir an zu diskutieren, und am Ende streiten wir uns. Wir gehen diesen Leuten aus dem Weg und schimpfen hinter ihrem Rücken über sie. Oder wir fahren unsere Ellenbogen aus und versuchen, uns durchzusetzen. Je mehr wir an diesen schwierigen Leuten herumzerren, desto gestresster fühlen wir uns. Es ist fast so, als wollten wir einem Hamster das Fliegen beibringen. Die Sache mit dem Hamster möchte ich an einem Beispiel erklären.

Stellen Sie sich Folgendes vor: Sie besitzen einen kleinen Hamster. Aus irgendwelchen Gründen haben Sie hohe Ansprüche an das Tier. Sie erwarten, dass Ihr Hamster fliegen kann. Ihr Hamster fliegt aber nicht. Sie sind frustriert.

Sie führen ein ernstes Gespräch mit ihm. Dabei sprechen Sie ganz offen über Ihre Bedürfnisse und Gefühle. Sie reden davon, wie glücklich Sie wären, wenn er nur ein wenig herumfliegen würde. Wenigstens mit dem Hüpfen könnte er doch anfangen. Trotzdem: Der Hamster fliegt nicht. Er hüpft nicht. Er nimmt einfach keine Rücksicht auf Sie. Sie sind sauer, weil Ihr Hamster Ihnen das Leben schwer macht.

Also fangen Sie selbst an, zu hüpfen, um Ihrem Hamster zu zeigen, wie das geht. Was Sie schaffen, müsste er doch auch können. Aber Sie beißen bei ihm auf Granit. Er gibt sich keine Mühe. Er ist nicht bereit, Ihnen auch nur ein Stück entgegenzukommen. Das Tier ist wirklich schwierig.

Ihr Leben könnte so schön sein, wenn dieser Hamster nur ein wenig guten Willen aufbringen würde. Nur ein paar Hüpfer – das wäre doch ein Anfang. Aber nein, das blöde Tier kümmert sich nicht darum, wie es Ihnen geht. Sie kritisieren ihn – sachlich natürlich. Sie konfrontieren ihn mit Ihrer Meinung. Sie machen ihm deutlich, dass sein Verhalten Konsequenzen

Damit ein Hamster fliegt, müssten Sie ihn in ein Flugzeug setzen.

haben wird. Sie werden laut und hauen mit der Faust auf den Tisch.
Der Hamster verkriecht sich in sein Hamsterhäuschen.
Und Sie? Sie sind gestresst. Sie leiden und wissen nicht mehr weiter.

»Jedes Wesen ist ein stummer Schrei, anders gelesen zu werden.«

[Simone Weil]

Jetzt treffen Sie mich, und Sie nutzen Ihre Chance. Sie fragen mich:
»Frau Berckhan, ich leide seit Monaten unter einem sehr schwierigen Hamster. Der ist so komplett daneben, und er provoziert mich,
wo er nur kann. Wissen Sie, was der tut? Der weigert sich, zu fliegen! Ich habe schon alles versucht. Ich bin sogar mit meinen Ansprüchen runtergegangen. Aber auch beim Hüpfen hat er komplett
auf stur geschaltet. Er weigert sich, mit mir zu kooperieren. Sagen
Sie mal, Frau Berckhan, wie bringt man so einem schwierigen
Hamster das Fliegen bei?« Meine Antwort lautet: »Gar nicht.«
Der Hamster ist nicht schwierig. Er macht Sie auch nicht absichtlich unglücklich. Sie machen sich selbst unglücklich, weil Sie von
dem Hamster etwas erwarten, was er Ihnen nicht geben kann.
So ähnlich ist es auch mit Ihren schwierigen Mitmenschen. Die
können sich nur so weit ändern, wie es ihnen möglich ist. Aber
nicht so weit, wie Sie es vielleicht erwarten. Hören Sie auf, sich selbst
unglücklich zu machen. Hören Sie auf, von den schwierigen Typen
etwas zu erwarten, was die im Moment gar nicht leisten können.
Ja, Ihr Hamster kann nicht fliegen.
Falls Sie unbedingt ein Geschöpf haben wollen, das fliegen kann,
wenden Sie sich an einen Wellensittich.

Die sanften Lösungs-mittel für schwierige Menschen

Einige unserer Mitmenschen finden wir auf Anhieb sympathisch, andere sind ganz okay. Aber manche sind uns von vornherein suspekt oder gar unsympathisch. Es wäre unrealistisch zu erwarten, dass wir überall nur sympathische Leute treffen, mit denen wir gut auskommen. Sie und ich – wir werden immer wieder auf Menschen treffen, mit denen wir es schwer haben. Daraus ergibt sich eine Frage: Schaffen Sie es, mit diesen schwierigen Leuten so umzugehen, dass Sie dabei gelassen bleiben?

Ja, es ist durchaus möglich, mit schwierigen Typen entspannt umzugehen – ohne dabei zu kämpfen und ohne ein Opfer dieser Leute zu werden. In diesem Buch finden Sie viele Beispiele, wie Sie das hinbekommen.

Sie können diese reizenden Typen nicht umkrempeln.

Aber Sie können das beeinflussen, was in Ihrer Macht steht: Ihr eigenes Verhalten und Ihre innere Einstellung zu diesen Menschen. Wenn Sie das beides in Richtung Gelassenheit drehen, werden Sie eine entspannte Beziehung zu diesen Menschen haben. Vielleicht sind die schwierigen Typen dann immer noch schwierig, aber Sie sind darin nicht mehr verwickelt. Es kratzt Sie nicht mehr.

INFO

Bitte mit Umsicht

Bei all dem ist eines ganz wichtig: Ich gebe Ihnen Anregungen, die Ihnen helfen sollen. Bitte gehen Sie damit eigenverantwortlich um. Tun Sie nichts, was Ihnen oder anderen Menschen schaden könnte.

Die folgenden Lösungsmittel sorgen dafür, dass Sie sich freier und entspannter fühlen. Aus dieser Haltung heraus können Sie Gespräche führen, die wirklich konstruktiv sind, mit denen Sie etwas bewirken. Sie merken mehr und mehr, dass der schwierige Mensch Sie nicht mehr dominiert. Dieser Typ kann so sein, wie er will, und Sie haben die Freiheit, sich davon nicht treffen zu lassen.

Keiner hat Schuld

Nehmen Sie die Schuldfrage komplett raus aus Ihren Überlegungen. Der schwierige Typ ist nicht schuld an den Verhaltensmustern, die er im Laufe seines Lebens gelernt hat, um einigermaßen über die Runden zu kommen. Er ist auch nicht schuld an den Klemmen, in denen er sitzt. Er ist auch nicht schuld daran, dass Sie so frustriert und genervt sind.

Das Gleiche gilt für Sie. Auch Sie sind nicht schuld an Ihren eigenen automatischen Verhaltensmustern, mit denen Sie reagieren. Keiner von Ihnen beiden – weder Sie noch Ihr schwieriger Typ – hat vorsätzlich geplant, schwierig zu sein.

Solange Sie an der Frage der Schuld festhalten, werden Sie auch insgeheim den Wunsch haben, der andere sollte bestraft oder verändert werden. Die Behauptung von Schuld führt schnell zu rachsüchtiger Vergeltung. Aber das ist eines der destruktivsten Manöver im Umgang mit anderen Menschen.

Das sanfte Lösungsmittel:

Wenn der Kontakt zu einem schwierigen Menschen für Sie zum Problem wird, hat niemand Schuld daran. Ihr Unwohlsein entsteht, weil Sie am Haken zappeln, weil Sie sich gestochen haben. Sie haben sich in das Verhaltensmuster des anderen verwickelt. Auch das ist nicht Ihre Schuld. Sich beim anderen zu verhaken, ist auch nur ein automatisches Verhaltensmuster. Aber das können Sie zum Glück ändern. Es beginnt damit, dass Sie sich Erleichterung verschaffen, indem Sie die Schuld-Nummer aus Ihren Überlegungen streichen. Das ist einer der wichtigsten Bausteine für Ihre Gelassenheit: Gewöhnen Sie sich an den Gedanken, dass das Leben schmerzhaft sein kann und keiner daran schuld ist.

Ohne **Schuldzuweisung** erkennen Sie klarer, was wirklich passiert ist.

Für Ihr Glück und Ihre Zufrie- denheit sind nur Sie zuständig

Andere Leute sind nicht dafür verantwortlich, dass es Ihnen gut geht. Es ist nicht der Job Ihrer Mitmenschen, Sie zufriedenzustellen. Solange Sie erwarten, dass Ihre Mitmenschen Ihnen gute Gefühle geben sollten, hängen Sie am Haken. Der Job Ihrer Mitmenschen ist es, sich selbst zufriedenzustellen und so zu leben, wie es ihnen gemäß ist – und nicht so, wie es Ihnen passt.

Achten Sie auf Ihre Überzeugungen. Immer, wenn Sie sich über Ihren schwierigen Typ beklagen oder auf ihn schimpfen, sind Sie der Überzeugung: Dieser Mensch sollte mich eigentlich zufriedenstellen oder mich glücklich machen. Das macht er nicht und deshalb rege ich mich auf.

Das sanfte Lösungsmittel:

Jedes Mal, wenn Sie sich über Ihren schwierigen Typ aufregen, können Sie Ihr Denken absichtlich umdrehen. Sagen Sie zu sich selbst: »Dieser Mensch ist nicht dazu da, um mich zufriedenzustellen oder um mich glücklich machen. Ich sorge selbst für meine Zufriedenheit und mein Glück.«

Mit dieser befreienden Einstellung kommen Sie vom Haken. Damit hören Sie auf, von Ihrem schwierigen Typen etwas zu verlangen, was der Ihnen nicht geben kann. Und jetzt atmen Sie tief durch. Freuen Sie sich darüber, dass Sie sich selbst zufrieden und glücklich machen können, obwohl Ihr schwieriger Typ so ist, wie er ist. Was für eine Erleichterung!

Eigene Ansprüche überprüfen

Oft werden schwierige Menschen nur durch unsere Ansprüche schwierig gemacht: Der Unordentliche soll unseren Vorstellungen gemäß Ordnung halten, aber das tut er nicht. Also ist er schwierig. Der Chef soll Sie motivieren und Sie anerkennen. Wenn er das nicht tut, ist er ein schlechter Chef. Ihre Kinder sollen Sie stolz machen. Ihre Eltern sollen erstklassige Eltern sein. Ihre Nachbarn sollen freundlich und zuvorkommend sein. Und Ihr Hamster soll herumfliegen. Wenn diese Geschöpfe nicht tun, was Sie von ihnen erwarten, dann sind Sie frustriert und traurig.

Das sanfte Lösungsmittel:

Machen Sie sich nicht unglücklich. Beenden Sie diese »Sollerei«. Verzichten Sie auf diesen Druck und die Überforderung. Schrauben Sie Ihre Ansprüche runter. Hören Sie auf, von Ihren schwierigen Mitmenschen das zu erwarten, was die nicht hinbekommen. Stattdessen erfreuen Sie sich an dem, was Ihre Mitmenschen tatsächlich können.

Sie können lernen, andere Menschen so zu akzeptieren, wie sie sind. Damit ersparen Sie sich viel Stress und eine Menge Enttäuschungen. Probieren Sie es mit dieser Einstellung: Jeder tut sein Möglichstes. Mehr geht nicht.

Verurteilen Sie Ihre schwierigen Typen nicht

Unser Denken liebt es, alles, was wir erleben, zu beurteilen und zu etikettieren. Besonders schnell urteilt unser Denken über andere Leute. Aber unsere beurteilenden Gedanken sind nicht wirklich frei. Unser Denken ist zutiefst geprägt von unserer Vergangenheit, von unserer Erziehung, von unseren Ansprüchen und Überzeugungen. Deshalb sagt jedes Urteil, das wir über einen anderen Menschen fällen, mehr über uns aus als über den anderen. Jedes Urteil, das wir fällen, werden wir auch fühlen: Je negativer Sie jemanden beurteilen, umso schlechter fühlen Sie sich. Wahrscheinlich werden Sie diesen schlecht bewerteten Menschen auch entsprechend schlecht behandeln. Das merkt der andere – und wird wiederum Sie negativ beurteilen. Am Ende sind da zwei Menschen, die in ihren Urteilen feststecken und sich miteinander schlecht fühlen.

Das sanfte Lösungsmittel:

Wenn Sie sich in der Gegenwart eines schwierigen Menschen besser fühlen wollen, dann lassen Sie alle Geschichten los, die Sie sich über ihn erzählt haben. Nehmen Sie auch das Etikett schwierig weg. Dieser Mensch muss von Ihnen nicht beurteilt werden.
Erleben Sie einen Menschen, statt ihn zu beurteilen. Erleben Sie, wie sich Ihr Gegenüber verhält, und erleben Sie, wie Sie reagieren. Geben Sie zu, dass Sie nicht alle Fakten kennen. Sie wissen nicht, wie es im Seelenleben des Betreffenden aussieht. In welchen Klemmen er sitzt, von welchen Nöten er geplagt wird. Ihre Urteile können also gar nicht richtig oder treffend sein.

Wertschätzen Sie die angenehmen Seiten des schwierigen Typen

Kein Mensch ist immer nur schwierig. Auch unsere reizenden Zeitgenossen können sich anders verhalten – und sie tun es auch. Aber wenn wir jemanden erst einmal negativ beurteilt haben, übersehen wir schnell seine angenehmen Seiten. Unsere Aufmerksamkeit verbeißt sich in das Schwierigsein des anderen. Wir lauern darauf, dass der Betreffende wieder sein reizendes Verhalten an den Tag legt. Und wir lieben es, damit Recht zu haben.

Häufig achten wir nicht mehr darauf, dass dieser Mensch zwischendurch auch ganz normal ist. Es ist so, als würden wir mit einer Lupe das Minus eines Menschen ständig vergrößern und dabei sein Plus ignorieren. Wir sind fixiert auf das Schwierigsein. Je mehr wir darauf achten, umso größer erscheinen uns die Macken des reizenden Typen.

Was wir beachten, das wächst.

Das sanfte Lösungsmittel:

Legen Sie sich einmal ganz anders auf die Lauer: Suchen Sie nach dem normalen, dem angenehmen, unauffälligen Verhalten. Achten Sie auf die Momente, in denen Ihr schwieriger Typ sich nicht schwierig verhält. Glauben Sie mir, jeder Mensch hat auch positive Seiten und gute Eigenschaften. Schauen Sie genau hin. Und dann wertschätzen Sie diesen Menschen! Zeigen Sie ihm Ihre Anerkennung. Pflegen Sie einen freundlichen, kooperativen Kontakt mit ihm. Zelebrieren Sie die Normalität Ihres reizenden Typen, und – das ist ganz wichtig – ändern Sie das Bild, dass Sie sich von dem Menschen gemacht haben. Ja, dieser Mensch hat seine schwierigen Seiten, aber er hat auch jede Menge normale, angenehme Seiten. Dieser Typ ist, wie wir alle: durchwachsen und nicht einseitig.

Auch mit schwierigen Menschen kann man gut auskommen.

Die **häufigsten** schwierigen **Typen**

Sie sind laut und drängen sich in den Mittelpunkt, sie sind unzufrieden und meckern rum, sie sind distanziert, unentschlossen oder schleimig. So oder so: Die folgende Auswahl schwieriger Typen kann Ihnen den Tag gründlich vermiesen. Mit meinen Tipps jedoch werden Sie sicher nicht gestochen und kommen gut vom Haken.

Der Blender

Ein Mensch vom Typ »Blender« versteht es, sich ins Rampenlicht zu setzen und mehr zu scheinen, als er wirklich ist. Er versucht, Ihnen immer wieder ein »Oh, klasse!« oder »Mensch, wie toll!« zu entlocken. Dieser Typ besitzt die passenden Statussymbole, er ist mit Prominenten und Führungskräften auf du und du. Er geht dort ein und aus, wo es angesagt ist. Alles in seinem Leben wirkt nach außen hin prestigeträchtig und beeindruckend.

Die Körpersprache der Blender

Wenn ein Blender im Raum ist, merken Sie das. Dieser Typ schafft es schnell, im Mittelpunkt zu stehen. Seine Körpersprache sagt: »Hier bin ich, und ich bin von mir überzeugt.« Dazu gehören eine aufrechte Haltung, ein guter Blickkontakt, das smarte Gewinnerlächeln und eine raumfüllende Präsenz. Die Kleidung ist sorgfältig ausgewählt. Dem Anlass angemessen, aber ein klein wenig auffällig: je nach Situation und Gruppe einmal auffällig elegant oder auffällig lässig oder auffällig verführerisch. Es geht dem Blender darum, andere Leute schon in der ersten Sekunde zu beeindrucken. Durchschnittlich und gewöhnlich aussehen? Das versucht der Blender zu vermeiden. Aber er grenzt sich auch nicht aus durch ein völlig abwegiges Outfit.

Was reizt am Blender so?

Ich unterscheide zwischen den cleveren und den naiven Blendern. Die cleveren Blender zeigen genau das Verhalten, mit dem sie in der jeweiligen Gruppe kompetent erscheinen. Ihre Cleverness sorgt dafür, dass sie schnell herausfinden, wie sie speziell in dieser Gruppe einen guten Eindruck machen können. Wenn es erforderlich ist, können sie in ihre Selbstdarstellung ein wenig ironische Selbstkritik oder tiefe Emotionalität oder große Bescheidenheit einbauen. Aber bei allem, was sie über sich erzählen, stehen sie am Ende immer als Sieger da.

Gerade die cleveren Blender setzten alles daran, in eine Top-Position zu kommen. Einige schaffen es auch und bekommen einen Spitzenjob in der Wirtschaft oder in der Politik. Spätestens dann wird es reizend. Im Alltag zeigt sich, dass viele dieser Typen nur mit ihrer Selbstdarstellung glänzen. Oft ist es das Einzige, was sie wirklich gut beherrschen. Wenn es darum geht, die Ärmel hochzukrempeln und echte Probleme zu lösen, kommt nur noch heiße Luft: Viele schöne Worte, aber nichts dahinter.

Die naiven Blender achten nicht darauf, in welchen Kreisen sie sich bewegen. Sie machen sich wichtig, indem sie sich innerlich auf die Brust klopfen und behaupten, sie wären ganz tolle Hechte. Sie geben vor, sie hätten den Durchblick und würden alles mit Bravour wuppen. Damit fallen die naiven Blender unangenehm auf. Man merkt, ihr Mundwerk ist das Imposanteste an ihnen.

Das Drama der Begabten

Als ich Frank kennenlernte, war er total verärgert. Grund dafür war sein Kollege Ronald. Zusammen entwickelten die beiden ein neues Konzept für die Kundenbetreuung. Für Frank war das die große Chance, in der Firma voranzukommen. Leider war sein Kollege Ronald ein Blender. Frank nannte ihn einen »aufgeblasenen Angeber«. Bei der Arbeit an dem neuen Konzept war Frank derjenige, der die besten Ideen hatte. Er entwickelte die anschaulichen Grafiken, damit das neue Konzept noch überzeugender wirkte. Er erarbeitete die Präsentation und achtete dabei auf jedes Detail. Aber es war Ronald, der das Ganze in den Meetings präsentierte. Ihm fiel es leicht, vor den anderen Kollegen zu sprechen. Frank hatte da mehr Hemmungen. Eigentlich war er ganz froh, dass Ronald diesen unangenehmen Part übernahm.

Ronald nutzte diese Situation für sich aus. Er sprach die ganze Zeit nur von sich und seinen Ideen. Er sagte vor den Kollegen und dem Chef: »Ich habe eine neue Form gefunden, junge Kunden anzuspre-

chen. Ich habe dazu ein paar Grafiken erstellt. Ich halte dieses neue Konzept für sehr gelungen.«

Frank saß mit am Tisch und traute seinen Ohren nicht. Er rief dazwischen: »Wir haben das zusammen gemacht.« Ronald nickte kurz und sagte beiläufig: »Ja, du warst auch dabei.« Frank kochte. Ronald lächelte charmant und fuhr fort: »Kommen wir nun zu meiner nächsten Grafik.«

Frank rief empört: »Ich hab die Grafiken gemacht!« Alle Augen richteten sich auf ihn. Und diese Blicke waren missbilligend. Frank merkte, dass er mit seinen Einwürfen reichlich zickig rüberkam. Ab jetzt hielt er den Mund. Ronald hatte freie Bahn, und er konnte seine Ich-hab-das-gemacht-Nummer ungebremst durchziehen.

Am Ende wurden er und sein Konzept viel gelobt. »Großartige Arbeit«, sagte der Chef und fügte noch hinzu: »Schön, dass Frank dabei geholfen hat.« Nach dem Meeting wurde Ronald von den Kollegen umringt. Er schwadronierte über sein geniales Konzept, während sich Frank total angefressen zurückzog.

Als Frank mir das Ganze erzählte, konnte ich spüren, dass er immer noch verärgert war. Er wollte wissen, wie er mit so einem Blender fertig werden kann.

Mehr Verständnis für den Blender

Der Blender ist ein Meister der positiven Fassade. Er baut ein Image auf, mit dem er kompetenter, tüchtiger und erfolgreicher erscheint, als er wirklich ist. Überall gut dazustehen – das ist seine vorrangige Leistung und sein Bestreben. Dahinter steckt eine Tragödie: Dieser Typ hat schon als Kind gelernt, dass er nur beachtet und geliebt wird, indem er sich hervortut und als Sieger dasteht. Wenn er als

Kind still und bescheiden war, wurde er übersehen, vielleicht sogar vernachlässigt. Diese Erfahrung hat sich tief in sein Denken und Fühlen eingebrannt.

Die größte Angst des Blenders ist, dass er es nicht schafft, zu den Erfolgreichen zu gehören. Seine zweite große Angst ist, dass ihm jemand auf die Schliche kommt und ihm nachweist, dass er nichts auf dem Kasten hat und nur blufft.

Die Selbstachtung des Blenders hängt davon ab, wie sehr er von anderen bewundert und geschätzt wird. Er braucht seine Fans. Der Blender hat früh gelernt, was er sagen muss, um Beachtung zu finden und Eindruck zu schinden. Dieses Verhaltensmuster hat er viele Jahre lang perfektioniert.

Können Sie sich vorstellen, wie anstrengend dieses Protzen und Blenden auf Dauer ist?

Während dieser Typ seine eigene Oberfläche ständig auf Hochglanz poliert, ignoriert er seinen Tiefgang. Der Blender macht sich abhängig von der Meinung anderer Menschen. Sein Leben wird zu einem Schaulaufen. Er verwickelt sich total in das Streben nach Status und Erfolg. Die Frage »Wie komme ich bei den anderen an?« wird für ihn enorm wichtig. Er hat früh gelernt, was er tun und sagen muss, damit andere Menschen von ihm beeindruckt sind. Aber zugleich schaut er ängstlich nach links und rechts, ob ihn vielleicht jemand überholt, ob jemand noch einen besseren Eindruck macht als er. Deswegen sind viele Blender innerlich rastlos und getrieben, immer damit beschäftigt, obenauf zu sein. Nein, der Blender kommt nicht zur Ruhe.

Tun Sie das nicht

Wenn Sie es mit einem Blender zu tun haben, gibt es zwei Haken, an denen Sie zappeln können. Der erste Haken erscheint harmlos. Da macht sich der Blender wichtig, und Sie gehen darauf ein. Sie bewundern diesen Menschen. Sie stellen den Betreffenden auf ein kleines Podest. Der Blender hat von Ihnen den Beifall bekommen, den er haben wollte. Das Ganze scheint nicht weiter schwierig zu sein. Ist es aber doch.

Mit Ihrer Bewunderung haben Sie das Verhaltensmuster des Blenders verstärkt. Sie haben ihm gezeigt, dass das funktioniert, was er tut. Zugleich sind Sie das Opfer einer Täuschung geworden. Doch das kann für Sie böse enden. Vor allem dann, wenn Sie dem Blender mehr gegeben haben als nur Ihre Bewunderung. Falls Sie ihm beispielsweise auch Ihr Geld anvertraut haben, erleben Sie womöglich eine finanzielle Enttäuschung.

Der zweite Haken, an dem Sie zappeln könnten, ist von Anfang an sehr unbequem. Sie merken, wie der Blender sich aufbläst und fangen sofort an, mit diesem Typen zu konkurrieren. Der Blender setzt sich in Szene, bekommt den Applaus, während Sie selbst zu kurz kommen. Sie finden das ungerecht, schließlich ist der Typ nur ein Angeber. Ihr ganzes Unwohlsein zeigt, dass Sie sich in das Verhaltensmuster des Blenders verwickelt, sich an den Stacheln des Blenders gestochen haben.

Kommen Sie von beiden Haken runter. Hören Sie auf, den Blender zu bewundern. Und verzichten Sie auch auf Konkurrenzspielchen. Schauen Sie auf Ihre Arbeit und darauf, wie Sie Ihren Job machen. Vergleichen Sie sich nicht ständig mit dem Blender. Bleiben Sie bei Ihren Leistungen, und wertschätzen Sie Ihr Können. Erreichen Sie die Ziele, die Sie sich gesetzt haben. Sie müssen den Blender nicht übertrumpfen.

Mit dem Blender gut auskommen

Es geht nicht darum, den Blender zu heilen oder ihm eine Lektion zu erteilen. Ja, Menschen können sich ändern. Aber die Motivation sich zu ändern, kann nur von dem Betreffenden selbst kommen. Oder wie ich es gern sage: Die Tür geht von innen auf. Auch ein Blender ist in der Lage, ein neues Verhalten zu erlernen. Aber das ist allein sein Job.

Sie selbst können sehr wirksam sein, indem Sie sich anders verhalten und damit dem Blender eine andere Beziehung anbieten als bisher. Sie zerren nicht an ihm herum. Sie gehen nicht in eine Kampf- oder Frust-Beziehung. Nein, stattdessen ziehen Sie den Blender auf Ihre Seite. Gewinnen Sie diesen Typ für sich. Mit folgenden Tipps können Sie das schaffen.

Üben Sie sich im Vorbeiziehen-Lassen

Zeigen Sie sich neutral und unbeeindruckt, wenn der Blender auftrumpft. Lassen Sie ihn alle seine Trümpfe ausspielen. Trainieren Sie das Nichtreagieren. Was der Blender tut und sagt, geht Sie nichts an. Leisten Sie keinen Widerstand. Von Ihrer Seite gibt es keine Zustimmung, aber auch keine Ablehnung. Keine Verwicklung. Lassen Sie das Auftrumpfen einfach an sich vorbeiziehen. Indem Sie nicht reagieren, hören Sie auf, sein schwieriges Verhalten zu verstärken. Nicht reagieren heißt, keine Bestätigung für den Blender. Damit lernt dieser Mensch, dass er mit seinem wichtigtuerischen Verhalten nicht bei Ihnen landen kann.

Überprüfen Sie, ob Sie Ihren Blender wirklich kritisieren wollen

Ein Blender bläht sich auf und setzt sich ins Rampenlicht. Aber ist das wirklich ein Kritikpunkt? Wenn Sie diesen Typen dafür kritisieren, ist das so, als würden Sie einen Hamster dafür kritisieren, dass er sich so hamstermäßig benimmt. Tatsächlich geht Sie das Verhalten des Blenders gar nichts an. Wie er sich benimmt, ist allein seine Sache. Sie müssen das weder kontrollieren noch kommentieren oder zensieren.

Was Sie aber ansprechen können, sind Regelverstöße. Zum Beispiel: Hat der Blender Ihre Leistung als seine eigene ausgegeben? Wenn ja, dann hat er Mist gebaut. Sagen Sie ihm, dass Sie das gemerkt haben und dass es Sie stört. Bitten Sie ihn darum, das nicht mehr zu tun. Auch jeden weiteren Regelverstoß bringen Sie konsequent zur Sprache. So ein Gespräch führen Sie mit ihm unter vier Augen, ohne Drama und ohne Vorwürfe.

Geben Sie dem Blender etwas sehr Wertvolles: Sachlichkeit

Wenn der Blender seine Show abgezogen hat, können Sie normal mit ihm reden. Jetzt ist Ihre Stunde gekommen. Reden Sie über das, was gerade ansteht. Bleiben Sie streng bei der Sache. Zeigen Sie Ihrem Blender: Wer mit Ihnen redet, muss kein toller Hecht sein. Man kann mit Ihnen auskommen, ohne sich aufzuspielen. Zeigen Sie Ihrem Blender, dass er Ihnen nichts vormachen muss. Machen Sie sich nicht über den Blender lustig, wenn er sich traut, auch einmal eine Niederlage zuzugeben. Tratschen Sie nicht über seine Schwächen und Ängste. Beweisen Sie diesem Menschen, dass Sie vertrauenswürdig sind.

Kümmern Sie sich mehr um Ihre eigenen Projekte und Ideen

Egal, wo Sie auf einen Blender treffen, dieser Mensch kann Sie blitzschnell in einen Konkurrenzkampf verwickeln. Er stellt sich positiv dar, und Sie stehen vor der Frage: Und was habe ich Tolles vorzuweisen? Gehen Sie nicht in Konkurrenz zum Blender. Finden Sie Ihre eigene Art, sich zu präsentieren. Eine Art, mit der Sie sich wohlfühlen – unabhängig davon, was der Blender tut. Hören Sie auf, sich mit dem Blender zu vergleichen. Dieser Mensch ist für Sie weder ein Maßstab noch ein Vorbild. Bleiben Sie innerlich unabhängig. Sie sind ein ganz anderes Individuum – mit eigenen Zielen und Werten. Achten Sie mehr auf das, was Sie im Leben gern haben, was Sie verwirklichen wollen, was Sie noch erleben wollen. Stellen Sie das Wichtige in Ihrem Leben in den Mittelpunkt Ihres Denkens.

Das Ende der Bescheidenheit

Frank bat mich um Rat. Er wollte wissen, wie er mit seinem Blender, dem Kollegen Ronald, am besten fertig wird. Was ich ihm vorschlug, war für ihn ein dicker Brocken: Ich sagte ihm, er könne sich von Ronald eine Scheibe abschneiden.

Tatsächlich fehlte Frank die Fähigkeit, sich mit seinen Leistungen in der Firma gut darzustellen. Er arbeitete viel, hatte gute Ideen, und er machte daraus gute Konzepte. Aber er schaffte es nicht, damit zu glänzen. In den Meetings hatte er es Ronald überlassen, das Konzept zu präsentieren. Dieser zog alle Aufmerksamkeit auf sich. Alle hörten ihm zu, er bekam am Ende die Anerkennung. An dieser Stelle konnte Frank viel von Ronald lernen.

Ich habe gemeinsam mit Frank einen Fünf-Punkte-Plan aufgestellt, den ich Ihnen in einer Kurzfassung zeige:

Erster Punkt: *Frank spricht offen mit Ronald über das, was ihn stört. Dieses Gespräch haben wir beide im Rollenspiel trainiert. Es ging darum, dass Frank klar ausspricht, was ihn stört, aber ohne Ronald dabei anzugreifen. Also nicht: »Du spielst dich ständig in den Vordergrund und tust so, als hättest du alles allein gemacht«, sondern sachlich: »Ich wünsche mir, dass du meine Leistungen in den Meetings auch objektiv darstellst. Und ich bitte dich, sag in Zukunft nicht ›ich‹, wenn es ›wir‹ heißen müsste.«*

Zweiter Punkt: *Frank hört auf, ständig auf Ronald zu schauen. Er achtet nicht mehr darauf, ob sich Ronald wieder wichtig macht oder nicht. Frank bleibt mit seiner Aufmerksamkeit bei dem, was für ihn ansteht, was er will, was er zu tun hat. Er schafft das, indem er sich in jeder wichtigen Situation, zum Beispiel bei einem Gespräch oder in einem Meeting, selbst fragt: Was ist für mich wichtig? Was will ich jetzt erreichen?*

Dritter Punkt: *Die gemeinsame Arbeit mit Ronald wird in Zukunft gerecht aufgeteilt. Jeder der beiden bekommt einen eigenen Part, für den er zuständig ist.*

Vierter Punkt: *Frank trainiert das freie Sprechen vor einer Gruppe. Er besucht einen Rhetorikkurs und lernt dort, wie er mit seinem Lampenfieber fertig wird und sich mit seinen Leistungen besser präsentieren kann.*

Fünfter Punkt: *Frank gewöhnt sich an, jeden Tag auf seine Erfolge zu achten. Und er übt ebenfalls täglich, auch über diese Erfolge ganz selbstverständlich zu sprechen.*

Es dauerte vier Monate, aber Frank setzte seine fünf Punkte tatsächlich um. Das Gespräch mit Ronald war viel leichter, als Frank sich das vorgestellt hatte. Ronald entschuldigte sich dafür, dass er, wie er es nannte, »so übermotiviert« war und deshalb Franks Leistungen »vergessen« hatte. Das sollte nicht wieder vorkommen. Aber es war Frank, der dafür sorgte, dass es nicht wieder vorkam. Er lernte, für sich selbst zu sprechen. Am Ende konnte er sich mit seinen Leistungen in jedem Meeting gut präsentieren. Seine Ideen und Konzepte stellte er selbst vor. Er bekam dafür viel Anerkennung von den Kollegen und dem Chef.

Ein Jahr später sagte Frank zu mir: »Ich weiß jetzt, warum ich damals so die Wände hochgegangen bin. Ich stand unter dem Bescheidenheitsfluch. Für mich war positive Selbstdarstellung nur eine einzige Hochstapelei. Ich hab mir das nicht erlaubt. Ich durfte mich nicht hervortun. Das hat Ronald ganz wunderbar ausgenutzt und mich damit provoziert. Ich sollte ihm dankbar sein.«

Hilfe, manchmal bin ich auch ein Blender

Die meisten von uns haben den Wunsch, vor anderen Leuten gut dazustehen. Schwierig wird es erst, wenn Sie den Beifall anderer Menschen dringend brauchen, um sich gut zu fühlen. Dann besteht die Gefahr, dass Sie sich für andere verbiegen und etwas vortäuschen, nur damit Ihre Mitmenschen Sie bewundern oder beneiden. Um aus der Nummer rauszukommen, brauchen Sie vor allem eines: Eine echte Unabhängigkeit von der Meinung anderer Menschen. Diese Haltung beginnt mit einem wichtigen Schritt: mit Ihrer Selbsterkenntnis. Können Sie bewusst feststellen, wann und wo Ihnen der Beifall anderer Leute wichtig ist? Merken Sie bei sich selbst, was Sie alles dafür tun, um vor anderen Menschen gut dazustehen? Nun die beiden besten Tipps für Ihre persönliche Unabhängigkeitserklärung:

Lernen Sie, unbedeutend zu sein

Seien Sie erfolgreich, und machen Sie Ihre Sache gut – was immer das auch ist – und jetzt kommt es: Erzählen Sie niemandem davon. Schweigen Sie darüber. Stellen Sie Ihre Erfolge auch nicht ins Internet. Keine Selbstdarstellung. Kein Beifall. Seien Sie sozusagen anonym erfolgreich. Wie geht es Ihnen damit?

Machen Sie das nochmal und nochmal – immer noch keine Selbstdarstellung, kein Sich hervortun.

Wenn Sie sich dann unbedeutend fühlen … herzlich willkommen unter uns gewöhnlichen Leuten!

Ich weiß, da wollen Sie nicht hin. Sie wollen nicht zu den gewöhnlichen Leuten. Aber ich darf Ihnen eins verraten: Gewöhnlich zu sein, ist sehr einfach und mühelos. Dadurch wächst Zuneigung. Ja, andere Menschen mögen einen, auch wenn man nichts Besonderes darstellt. Das ist echte Zuneigung, die nicht davon abhängig ist, ob man angesehen ist oder ob man einen prominenten Status hat. Stattdessen geht es um Liebe, Freundschaft und Verbundenheit – einfach nur so. Sie müssen niemanden beeindrucken, um von anderen Menschen gemocht zu werden.

All you need is love

Hören Sie auf, sich vom Erfolgsstreben versklaven zu lassen. Erfolg ist nicht wirklich das, was Sie brauchen. Sie brauchen Zuneigung, ja, nennen wir es ruhig Liebe. Bedingungslose Liebe. Eine Liebe ohne Urteil, ohne Wertung, ohne Wenn und Aber. Diese Liebe bei anderen Menschen zu suchen, kann sehr frustrierend sein.

Die gute Nachricht lautet: Sie können diese Liebe für sich selbst empfinden. Sie sind die Quelle dieser bedingungslose Liebe. Allerdings kann es sein, dass Sie sich erst daran gewöhnen müssen. Statt um die Anerkennung anderer Leute zu buhlen, können Sie täglich üben, liebevoll auf sich zu achten.

Lernen Sie, sich zu lieben – egal, ob Sie **obenauf** oder **untendurch** sind.

Lieben Sie alles, was Sie schaffen, und alles, was schief geht. Lernen Sie auch Ihre Schwächen und Fehler zu lieben.

Besonders viel Liebe braucht Ihre Fähigkeit, sich wichtig zu machen. Drücken Sie Ihren inneren Blender an Ihr Herz, danken Sie ihm für alles, was er für Sie getan hat. Dann schicken Sie ihn hin und wieder in den Urlaub. Er hat es verdient, sich auszuruhen.

Was Sie vom Blender lernen können

In der Kommunikation mit anderen Menschen geht es um Vielfalt statt um Einfalt. Je vielfältiger Sie kommunizieren können, umso müheloser kommen Sie mit anderen Menschen zurecht. Das, was wir bei anderen Menschen als schwierig empfinden, ist oft eine Verhaltensweise, die bei diesen Leuten übertrieben stark auftritt. Weniger übertrieben könnte diese Verhaltensweise aber auch ganz nützlich sein. Es könnte eine Kompetenz sein, die Sie vielleicht auch bräuchten. Wenn Sie in der Wirtschaft oder in der Politik Karriere machen wollen, brauchen Sie die Kompetenz, die ein Blender im Kern bereits beherrscht: die Fähigkeit, sich mit seinen Leistungen ins rechte Licht zu rücken. Denn in der Wirtschaft und auch in der Politik werden die Leute nach ihrem Image bezahlt und befördert. Wer sich nicht positiv darstellen kann, wird schnell übersehen.

Wie in dem Beispiel von Frank denke ich da vor allem an die vielen fleißigen Menschen, die in den Büros sitzen und den Laden am Laufen halten. Diese Mitarbeiter schweigen, wenn es um ihre Leistungen geht. Sie stellen ihr Licht unter den Scheffel. Sie warten darauf, dass andere Leute merken, was sie da alles tun. Und wenn man ihre Arbeit lobt, knipsen sie das Licht gleich wieder aus: »Was ich hier tue, ist doch selbstverständlich. Das ist doch nicht der Rede wert.« Und weil es in ihren Augen keine Rede wert ist, redet auch kaum jemand darüber. Aber: Was nicht besprochen wird, fällt auch nicht auf. So werden die Fleißigen kaum beachtet, während diejenigen, die viel Tamtam machen, die Gehaltserhöhung bekommen. Genau hier können Sie sich vom Blender eine Scheibe abschneiden. Sie müssen nicht genauso werden wie dieser Typ. Aber die Kernkompetenz, sich gut mit seinen Leistungen darzustellen, die könnte Ihnen weiterhelfen. Dazu müssen Sie sich zuerst einmal klar machen, was Sie alles tun. Am besten Sie schreiben das im Laufe einiger Tage auf. Vermutlich werden Sie selbst überrascht sein, was da zusammenkommt. Dann probieren Sie es im Alltag aus und sprechen öfter über das, was Sie gut gemacht haben. Über das, was Ihnen gelungen ist, was Sie bei sich lobenswert finden. Beim Ausprobieren werden Sie merken, dass Ihre Leistungen und Ihr Können durchaus der Rede wert sind.

Was Sie schaffen und was Sie können, ist der Rede wert.

Suchen Sie die passenden Worte für Ihre Leistungen, und lernen Sie, wie Sie gut über sich selbst sprechen können.

Die **Quasselstrippe**

Die Quasselstrippe redet und redet, während Sie einfach nicht zu Wort kommen. Sie spricht ohne Punkt und Komma, lange und ausführlich – egal, ob es jemanden interessiert oder nicht. Eine gute Quasselstrippe hat immer was zu sagen und ist nie um Worte verlegen. Viele Quasselstrippen sprechen einfach alles aus, was ihnen gerade durch den Kopf geht. Egal ob es ihre Zuhörer interessiert oder nicht.

Die Körpersprache der Quasselstrippe

Manche Quasselstrippen machen große Gesten beim Reden, andere halten ihre Arme und Hände ruhig am Körper. Was aber nie stillsteht, ist ihr Mund. Viele Quasselstrippen berühren ihren Gesprächspartner oder rücken dicht an ihn heran, wenn seine Aufmerksamkeit nachlässt. Dadurch wirken sie eindringlich, oft sogar aufdringlich.

Was reizt an der Quasselstrippe so?

Die Quasselstrippe nervt und sticht uns, weil sie Monologe hält. Wer mit diesem Typ redet, steckt in einer Einbahnstraße fest: Nur zuhören müssen, aber kaum zu Wort kommen. Wenn der

Zuhörer dann doch eine Bemerkung macht, nutzt eine geübte Quasselstrippe das, um daran wieder eine lange Rede aufzuhängen. Der Gesprächspartner wird zum bloßen Stichwort- und Aufmerksamkeitsgeber.

Hartnäckige Quasselstrippen sind völlig hypnotisiert von ihrem eigenen Redeschwall und achten nicht mehr darauf, wie es ihrem Gesprächspartner geht. Er ist nur Deko. Das allein ist schon reizend. Hinzu kommt noch, dass eine gut geölte Quasselstrippe einfach kein Ende findet.

Wer geduldig ist, wird vollgequatscht

Juliane hatte eine Kollegin, mit der sie nicht gut zurecht kam. Diese Kollegin hieß Kim. Kim hatte die Angewohnheit, sich einfach vor Julianes Schreibtisch zu setzen, und dann legte sie los. Mit den Worten: »Ich will ja nicht stören, aber ich muss dir kurz was sagen«, fing Kim an, eine lange umständliche Geschichte zu erzählen. Dabei ging es anfangs oft um berufliche Dinge, wie beispielsweise ihre Probleme mit dem Computer. Aber Kim kam dabei auch schnell auf private Themen wie die Renovierung ihrer Wohnung.

Juliane war immer viel zu höflich, viel zu duldsam, um Kim zu unterbrechen. Bisher wurde Juliane oft von einem klingelnden Telefon gerettet. Kim hörte dann für Sekunden auf zu reden, und Juliane nutze das schnell aus, um das Gespräch zu beenden.

Jetzt war Juliane Abteilungsleiterin geworden, aber Kim ließ sich davon nicht beeindrucken. Wie gewohnt besuchte sie Juliane in ihrem Büro, setzte sich vor deren Schreibtisch und fing an zu reden. Juliane hatte Angst davor, Kim einfach abzuwürgen. Juliane wollte es sich nicht mit Kim verderben. Aber sie wollte auch nicht, dass Kim vor ihr saß und sie vollquatschte. Wie kann Juliane diese Quasselstrippe stoppen?

Mehr Verständnis
für die Quasselstrippe

Quasselstrippen haben früh im Leben gelernt, dass sie beachtet werden, wenn sie etwas zu erzählen haben. Stellen Sie sich ein Kind vor, das bei Eltern aufwächst, die wenig Zeit haben. Vielleicht sind da noch viele andere Geschwister, um die sich die Eltern kümmern müssen, oder die Eltern arbeiten viel. Wenn das Kind am Tisch sitzt und einfach nur sein Essen isst, sprechen die Eltern das Kind nicht an. Es wird nicht beachtet. Wenn es aber etwas erzählt, steht es im Mittelpunkt. Es wird angeschaut, man spricht mit ihm, es bekommt Aufmerksamkeit. Wahrscheinlich wird aus dem Kind später ein Schüler, der auch in der Schule gerne redet. Im Unterricht bekommt dieser Schüler gute Noten für seine mündliche Beteiligung. Immer wenn dieser Mensch Kontakt zu anderen sucht, benutzt er das Verhaltensmuster, das ihm schon früher geholfen hat. Er erzählt etwas und versucht damit, Aufmerksamkeit zu bekommen. Bei einigen Menschen verselbstständigt sich dieses Reden. Es ist, als hätten sie einen Autopiloten angeschaltet, der jetzt das Reden übernimmt. Dabei geht der Kontakt zum Gesprächspartner verloren. Diese Vielredner achten nicht mehr darauf, ob ihr Gegenüber noch zuhört oder noch interessiert ist.

Das viele Gerede wirkt dabei wie eine Selbsthypnose. Die Quasselstrippe spricht mit sich selbst. Sie redet sich alles von der Seele. Sie spricht das aus, was ihr in den Sinn kommt, und der Gesprächspartner wird zur bloßen Kulisse. Das viele Reden bringt Erleichterung und ist zugleich ein Mittel, um sich selbst zu spüren. Ich rede, also bin ich. Aber hinter all den vielen Worten und den langen Geschichten steckt nur eine Aussage, und die lautet: Bitte beachte mich.

2

Tun Sie das nicht

Je passiver Sie sind, umso mehr erzählt die Quasselstrippe. Solange Sie alles still über sich ergehen lassen, denkt die Quasselstrippe: Der andere ist ruhig, also bin ich weiterhin dran, und da fällt mir noch mehr ein, was ich erzählen kann. Ihr Interesse sorgt dafür, dass die Quasselstrippe weiter redet. Sie verstärken das viele Reden, selbst wenn Sie nur automatisch reagieren, zum Beispiel indem Sie mit dem Kopf nicken oder immer Blickkontakt halten. Solche Reaktionen nimmt die Quasselstrippe zum Anlass, um ordentlich aufzudrehen. Es kann sein, dass Sie mit Ihrem höflichen Gesprächsverhalten die Quasselstrippe unterstützen, obwohl Sie das gar nicht wollen.

Sie selbst können schon lange nicht mehr zuhören. Aber Sie hängen am Haken. Was tun? Alles aushalten und im Stillen hoffen, dass es endlich ein Erdbeben gibt, damit die Quasselstrippe mal sprachlos ist? Oder so tun, als hätte Ihr Handy geklingelt, sich das Ding ans Ohr halten und damit die Quasselstrippe austricksen? Das sind keine Lösungen, sondern nur Vermeidungsstrategien. Wie wäre es mit ausgefahrenen Ellenbogen und damit, der Quasselstrippe einmal ganz gehörig die Meinung zu sagen? Ihr ein für alle Mal deutlich machen, dass ihr ewiges Gequatsche total nervt? Das sind auch nur Zeichen dafür, dass Sie sich bereits viel zu tief in dieses Verhaltensmuster verwickelt haben. Außerdem fühlen Sie sich vermutlich hinterher schlecht.

Dieser quasselnde Mensch will Ihnen nichts Böses antun. Er will nur von Ihnen beachtet werden.

Mit der Quasselstrippe gut auskommen

Wieder geht es nicht darum, diesen Typ zu verbessern oder ihn zu heilen. Die Quasselstrippe soll nicht ruhig gestellt werden. Wir fragen uns vielmehr, wie wir mit diesem Menschen auskommen können, ohne die Nerven zu verlieren.

Die Quasselstrippe fordert von Ihnen Autorität. Und genau das können Sie auch im Umgang mit einem Vielredner üben: Sie trainieren Ihre Fähigkeit, ein Zeitlimit zu setzen und ein Gesprächsthema auf den Punkt zu bringen. Sie üben sich darin, mehr zu lenken und weniger passiv auszuhalten. Lassen Sie nicht zu, dass das Quasseln über Sie hereinbricht wie ein Tsunami aus Worten. Werden Sie aktiv, und steuern Sie das Gespräch. Tun Sie das höflich, ohne die Quasselstrippe vor den Kopf zu stoßen. So können Sie Ihrem Vielredner zeigen, dass Sie an ihm interessiert sind, aber dass Sie das Gespräch auch eindämmen werden. Dazu ein paar Tipps von mir:

INFO

Treffen Sie eine Entscheidung

Bieten Sie Ihrer Quasselstrippe eine andere Beziehung an. Aber um das zu tun, ist es wichtig, dass Sie sich zuerst über Ihre eigenen Prioritäten klar werden. Nur dann können Sie Ihrer Quasselstrippe klar sagen, was Sie wollen. Wenn Sie das nächste Mal der Quasselstrippe begegnen, entscheiden Sie sich: Können und wollen Sie diesem Menschen genau jetzt Ihre Aufmerksamkeit schenken?

INFO

Gezielte Aufmerksamkeit

Geben Sie diesem Menschen eine Aufmerksamkeit von hoher Qualität. Driften Sie also nicht weg, während Ihre Quasselstrippe redet. Bleiben Sie am Ball, hören Sie genau zu. Denken Sie daran: Das geht nur, wenn Sie die Redezeit der Quasselstrippe von vornherein begrenzen.

Sagen Sie deutlich, wie lange das Gespräch dauern soll

Bei einer Quasselstrippe brauchen Sie ein klares Zeitlimit. Die Quasselstrippe hat keins. Sie redet immer weiter und weiter. Deshalb ist es umso wichtiger, dass Sie klare Vorstellungen davon haben, wie lange das Gespräch dauern soll. Nur wenn Sie innerlich klar sind, können Sie nach außen hin entschlossen auftreten. Und nur dann sind Sie wirksam. Deshalb fragen Sie sich zuerst: Wie sieht mein Zeitplan aus? Bevor Sie ins Gespräch einsteigen, kündigen Sie an, wie viel Zeit Sie zum Reden haben. Etwa so: »Ja, lass uns kurz darüber reden. Ich hab jetzt zehn Minuten Zeit.« Beenden Sie das Gespräch höflich, aber konsequent nach zehn Minuten.

Falls Sie keine Zeit haben, sagen Sie das gleich zu Beginn: »Tut mir leid. Im Moment passt es mir nicht. Ich hab keine Zeit, um mit dir zu reden.« Sagen Sie dem Betreffenden, wann es Ihnen besser passt: »Ich hätte heute kurz nach Feierabend, so für fünfzehn Minuten Zeit. Da könnten wir miteinander sprechen. Ist das für dich okay?«

Sorgen Sie dafür, dass die Quasselstrippe auf den Punkt kommt

Das viele Reden ist fast immer oberflächlich und wandert von einem Thema zum anderen. Sorgen Sie dafür, dass das Gespräch wesentlich wird:

→ Was will die Quasselstrippe Ihnen wirklich sagen?

→ Hat dieser Mensch ein zentrales Anliegen?

→ Gibt es ein wichtiges Thema, um das es geht?

Nutzen Sie das nächste Luftholen der Quasselstrippe, und fangen Sie an zu reden. Fassen Sie mit Ihren eigenen Worten zusammen, was Ihnen die Quasselstrippe gerade erzählt hat. Damit zeigen Sie diesem Menschen, dass Sie sehr aufmerksam zugehört haben und dass die Worte bei Ihnen angekommen sind. Hier ein paar Beispiele, wie Sie das Wesentliche aus dem Redefluss einer Quasselstrippe herausfiltern können:

→ »Du bist also mit unseren Computer-Leuten unzufrieden?«

→ »Du scheinst ein paar echt schlechte Erfahrungen mit Mietwagen gemacht zu haben. Deshalb nimmst du in der nächsten Woche lieber ein Taxi.«

→ »Wenn ich dich richtig verstanden habe, dann planst du für die Feier ein Buffet mit kaltem und warmem Essen. Und du bist dir noch nicht ganz sicher, ob du für die Kinder zusätzlich auch noch Eis kaufen willst.«

Mit gezielten Fragen und Wiederholungen bringen Sie Struktur in das Gespräch. Sie bleiben beim Thema, statt der Quasselstrippe nur willenlos zu folgen. Sie setzen Schwerpunkte und lassen nicht zu, dass immer wieder etwas Neues angesprochen wird. Und Sie achten darauf, dass Sie auch zu Wort kommen.

2

Wie Sie zu Wort kommen

Nachdem Sie verstanden haben, was Ihnen dieser Mensch mitteilen wollte, sind Sie dran. Nutzen Sie das nächste Luftholen der Quasselstrippe, und ergreifen Sie das Wort. Um den Redefluss zu unterbrechen, ist es wichtig, etwas lauter zu sein als die Quasselstrippe. Oft hilft es, wenn Sie sich dabei mit dem Oberkörper nach vorn beugen oder eine Hand ausstrecken in Richtung Quasselstrippe. Solche Gesten signalisieren: Jetzt bin ich dran. Notfalls unterbrechen Sie den Redefluss mit einem kräftigen »Stopp mal, das geht mir jetzt zu schnell.« Oder: »Verzeihung, dass ich Sie unterbreche. Ich möchte da kurz einhaken.«

Jetzt sprechen Sie darüber, was für Sie wichtig ist. Damit sorgen Sie dafür, dass das Gespräch nicht einseitig verläuft. Hier ein paar Beispiele, wie Sie Ihren Wortbeitrag einleiten können:

→ »Einen kleinen Moment bitte, bevor du weiterredest. Ich will dir kurz sagen, wie ich die Sache sehe. Und zwar finde ich …«

→ »Ich habe die Erfahrung gemacht …

→ »Ich sehe das anders. Für mich ist es wichtig …«

→ »Bei so einer Feier würde ich …«

Lenken Sie das Gespräch statt es nur auszuhalten.

Besonders Menschen, denen Höflichkeit im Gespräch sehr wichtig ist, fällt dieser Schritt oft schwer. Ja, auch ich finde Höflichkeit sehr wichtig. Und auch mir fällt es schwer, eine Quasselstrippe zu unterbrechen. Ich tue das nicht gern und auch nur selten. Allerdings geht es manchmal nicht anders.

Wehren Sie sich gegen Unterbrechungen

Lassen Sie sich von der Quasselstrippe nicht unterbrechen. Verteidigen Sie Ihr Recht, einen Gedankengang vollständig auszusprechen, etwa mit diesen Worten:

→ »Bitte lass mich kurz ausreden.«

→ »Ich war noch nicht fertig. Ich wollte noch sagen …«

So finden Sie ein Ende

Setzen Sie einen klaren Schlusspunkt. Warten Sie nicht drauf, dass Ihre Quasselstrippe die Kurve kriegt und aufhört. Beenden Sie das Gespräch. Und danach ist wirklich Schluss.

→ »So, jetzt haben wir zehn Minuten darüber geredet. Ich möchte jetzt weiterarbeiten.«

→ »Verzeihen Sie mir, aber ich muss jetzt zum nächsten Termin. Wenn es nötig ist, können wir deswegen nochmals telefonieren. Übermorgen, am Nachmittag würde mir am besten passen.«

→ »Lass uns aufhören. Ich will jetzt was essen.«

Finden Sie die Grenzen des Gesprächs

Es gibt Quasselstrippen, die mehr mit sich selbst als mit anderen Menschen reden. Und manchmal ist das, was diese Menschen erzählen, für Sie uninteressant. In so einem Fall müssen Sie kein Gespräch mit der Quasselstrippe anfangen. Kommunikation ist kein Muss, sondern beruht auf gegenseitigem Interesse und ist eine freiwillige Leistung. Bei Quasselstrippen, die nur mit sich selbst reden oder die nur Belanglosigkeiten von sich geben, können Sie auch Nein sagen. Bleiben Sie höflich, sagen Sie »Guten Tag«, »Bitte« und »Danke« und »Auf Wiedersehen«. Aber bei längeren Reden müssen Sie nicht mitmachen.

Komm auf den Punkt, Kim!

*Ich habe Juliane in einem meiner Kommunikationstrainings kennen-
gelernt. Während des Trainings haben wir überlegt, wie Juliane am
besten mit ihrer Kollegin Kim umgehen kann. Und dann haben wir
das Ganze praktisch im Rollenspiel trainiert. Juliane hat sich selbst
gespielt, und ich durfte die quasselnde Kim spielen. Ich habe, anders
als die echte Kim, eine sehr extreme Quasselstrippe gespielt, die
kaum zu bremsen war. Juliane musste viel persönliche Stärke und
vor allem Eindeutigkeit an den Tag legen, um mich zu bremsen. Aber
genau das war der Zweck des Trainings. Juliane lernte, wie sie mehr
Autorität zeigen kann, ohne dabei autoritär zu werden.*

*Später an ihrem Arbeitsplatz war das Ganze nicht so schwierig, wie
wir das im Training durchgespielt hatten.*

*Juliane sagte gleich zu Beginn des Gespräches: »Ich unterhalte mich
gern mit dir, Kim. Doch manchmal redest du zu viel und zu lange.
Da komme ich dann nicht mit.« Kim zeigte sich einsichtig: »Ja,
manchmal schnattere ich wirklich zu viel.« Juliane erklärte ihr, dass
sie weiterhin gern mit ihr reden würde, aber die Gespräche müssten
kürzer werden. Juliane machte einen Vorschlag: »Weißt du Kim, es
würde mir helfen, wenn du gleich auf den Punkt kommst. Sag mir
doch schon im ersten Satz, was der Knackpunkt ist. Dann kann ich
mich darauf einstellen.«*

*Die Sache mit dem Knackpunkt war für Kim plausibel. Und sie über-
nahmen das Wort Knackpunkt. Es wurde ein geflügeltes Wort in der
ganzen Abteilung. Kim bemühte sich, zuerst das zu sagen, worum es
ihr ging und zwar in einem Satz: »Grüß dich, Juliane! Hier ist mein
Knackpunkt: Ich will meinen Urlaub mit dir absprechen.« Juliane
sorgte dafür, dass wirklich nur dieser Punkt besprochen wurde. Wenn
das Thema durch war, beendete Juliane das Gespräch mit ein paar*

freundlichen Worten wie: »Entschuldige, dass ich dich unterbreche. Ich denke, das Wesentliche ist gesagt worden. Ich möchte jetzt weiter-arbeiten. Bis später!« In der Pause, wenn die Kollegen in der Teeküche plauderten, sagte Kim häufiger: »Leute, ich muss euch was er-zählen. Aber ich verspreche euch: Ich lass es knacken.« Das hieß so viel wie: »Leute, ich fasse mich kurz!« Die Kollegen waren jedes Mal erleichtert.

Kim blieb eine Vielrednerin. Aber Juliane konnte besser mit ihr um-gehen. Wenn Kim wieder zu ausschweifend quasselte, reichte der Satz: »Lass es knacken, Kim!«, und dann bestand eine reelle Chance, dass Kim tatsächlich auf den Punkt kam.

Hilfe, manchmal bin ich auch eine Quasselstrippe

Das kann den besten Rednern passieren. Man redet und redet und merkt dabei nicht, dass der Gesprächspartner sich bereits ausge-klinkt hat. Es waren einfach zu viele Worte, eine zu lange Geschichte. Ich habe ein paar erprobte Alltagstipps, die Ihnen helfen, aus dem Vielreden rauszukommen.

Reden Sie in kleinen Häppchen

Machen Sie es sich zur Gewohnheit, in Gesprächen auf Ihr Gegen-über zu achten. Halten Sie keine langen Monologe, sondern reden Sie in kurzen Blöcken von zwei, maximal drei Sätzen. Machen Sie dann eine Pause, damit Ihr Gegenüber alles verdauen kann und auch zu Wort kommt. Schauen Sie Ihr Gegenüber beim Reden an, damit Sie mitbekommen, wenn es ihm zu viel wird. Und bleiben Sie bei einem einzigen Thema, statt viele Themen anzusprechen.

Lassen Sie zu, dass Sie schweigen

Seien Sie interessiert an dem, was Ihr Gesprächspartner zu sagen hat. Wenn Ihnen dazu etwas einfällt – und Ihnen gehen sicherlich Gedanken durch den Kopf –, dann schweigen Sie. Sagen Sie nichts, sondern bleiben Sie bei Ihrem Gegenüber. Schenken Sie Ihrem Gesprächspartner Ihre volle Aufmerksamkeit, ohne sich selbst wieder ins Spiel zu bringen.

Bleiben Sie bei Ihrem Gegenüber

Versuchen Sie, die Essenz dessen zu erfassen, was Ihnen der andere sagen will. Und vermeiden Sie dabei das, was eine Quasselstrippe so gern tut: Driften Sie nicht ab. Sprechen Sie nicht gleich über sich selbst oder über das, was Ihnen alles dazu einfällt. Bleiben Sie bei dem, was für den anderen wichtig ist.

Trainieren Sie Ihre Fähigkeit, auf den Punkt zu kommen

Das viele Reden kann Ihre Worte unwichtig machen. Ihr Gegenüber weiß am Ende nicht mehr, was eigentlich der wichtige Knackpunkt war, um den es ging. Wenn Sie weniger sagen, bekommen Ihre Worte mehr Kraft. Sie können das Wichtige besser betonen. Bevor Sie etwas sagen, überlegen Sie kurz, was das Wesentliche ist:

→ Um was geht es im Kern?

→ Was will ich dem anderen sagen?

Und dann kommen Sie unumwunden zu dem, was Sie sagen wollen. Keine umständlichen und langen Geschichten. Nicht den ganzen Hintergrund erklären. Wenn Ihr Zuhörer mehr wissen will, kann er nachfragen. Es mag Sie vielleicht erstaunen, aber oft wollen unsere Gesprächspartner gar keine Details wissen.

Lernen Sie, ein Ende zu finden

Nachdem Sie das Wesentliche gesagt haben, ist Ihr Redebeitrag beendet. Machen Sie jetzt auch wirklich Schluss. Schweigen Sie, lehnen Sie sich zurück, atmen Sie aus. Sie haben Sendepause.

Was Sie von der Quasselstrippe lernen können

Auch von der Quasselstrippe können wir etwas lernen, denn sie beherrscht eine Kernkompetenz, die unsere Kommunikation bereichert. Wer viel redet, kann die Aufmerksamkeit anderer Leute auf sich ziehen. Diese Fähigkeit, mit Worten auf sich aufmerksam zu machen, ist überall dort wichtig, wo Ideen ausgebrütet und diskutiert werden.

Lassen Sie uns einen Blick in die Arbeitswelt werfen. Wir beobachten ein Meeting in einer Firma. Da sitzen vierzehn Leute an einem Tisch und sprechen über ein Problem. Einer der Mitarbeiter hat eine gute Lösung für das Problem, aber ihm fehlt die Kernkompetenz einer Quasselstrippe. Er redet nicht lange genug. Was er sagt, sagt er in zwei knappen Sätzen. Es sind zwei brillante Sätze. Über diese zwei Sätze hat er lange nachgedacht. Sie sind ganz hervorragend ausformuliert. Makellos. Mit diesen zwei Sätzen erklärt er, wie das Problem zu lösen ist.

Und dann passiert es: Seine zwei Sätze verpuffen ungehört im Raum. Dieser Mann, der so wenig Worte macht, hat zwar geredet, aber keiner hat es so richtig mitbekommen. Er schaffte es nicht, die Aufmerksamkeit der anderen lange genug auf seinen guten Lösungsvorschlag zu lenken. Er würde es schaffen, wenn er länger und intensiver reden könnte. Ein bisschen länger sprechen, mehr Worte machen, ein paar Details erzählen und dann das Ganze noch einmal zusammenfassen. Dann würde ihn keiner mehr überhören. Ja, ein wenig mehr Quasselkunst würde ihm mehr Beachtung einbringen.

Nach meinen Erfahrungen brauchen Menschen ein bis drei Minuten, um sich innerlich auf einen Redner einzustellen und um überhaupt zu kapieren, dass der Betreffende jetzt etwas Wichtiges zu sagen hat. Wenn das Wichtige zu schnell ausgesprochen wird, kommen die Zuhörer nicht hinterher.

Zu wenig Worte – so verpuffen gute Ideen und gute Argumente.

Dieses Sich-kurz-fassen-Können ist eine wertvolle Kompetenz. Gut, wenn Sie das beherrschen. Aber wenn Sie damit nicht gehört werden, brauchen Sie auch das Gegenteil. Lernen Sie zusätzlich, wie Sie sich verbal ausdehnen. Lernen Sie, mehr Worte zu machen. Wenn Sie eher zu den wortkargen Menschen gehören, dann habe ich da etwas, was Sie im Alltag öfter ausprobieren können: Wiederholen Sie die gleiche Aussage mit anderen Worten. Liefern Sie dazu eine Geschichte, zum Beispiel einen Erfahrungsbericht. Reden Sie darüber, wie Sie darauf gekommen sind, warum Sie so denken, was Sie sich davon versprechen …

Um es auf den Punkt zu bringen: Lernen Sie in einer Gruppe so lange zu reden, bis Ihre Worte bei allen angekommen sind. Wenn Sie nicht wissen, wie man lange und ausführlich redet, beobachten Sie eine Quasselstrippe. Nein, Sie müssen nicht genauso werden. Es reicht, wenn Sie die Kernkompetenz wertschätzen und für sich selbst nutzen können.

Der **Wüterich**

Der Wüterich verliert nicht seine Fassung, er wechselt die Fassung. Eben war er noch normal, und jetzt rastet er aus. Der Ärger wird ungebremst abgelassen. Oft kommt mit der Wut auch eine Menge Angriffslust zum Vorschein. Es wird geschimpft, gedroht, geknurrt. Der Wüterich wirft schon mal mit Dingen, lässt etwas zu Bruch gehen. Andere Leute werden angeschnauzt und gekränkt. In der Familie, am Arbeitsplatz, in der Öffentlichkeit hinterlässt der Wüterich eine Spur der Verwüstung. Der Wüterich wirkt oft so, als hätte er sich nicht im Griff. Häufig steigert er sich selbst immer tiefer in seine Wut hinein. Dabei nimmt er seine Umwelt nur noch verzerrt wahr. Er hat in diesen Momenten kein Mitgefühl für andere.

Körpersprache und Verhalten

Der Wüterich sorgt dafür, dass man ihn nicht übersieht und auch nicht überhört. Wenn er so richtig loslegt, erkennen Sie ihn schnell. Er ist laut, sein Körper ist angespannt. Seine Bewegungen sind schroff. Zornesfalten erscheinen auf seiner Stirn. Da wird auch die Faust geballt, oder seine flache Hand schlägt auf den Tisch. Sein Körper signalisiert Anspannung und Aggression.

Was reizt am Wüterich so?

Sind Sie schon einmal von einem wütenden Menschen angebrüllt worden? Dann wissen Sie, warum der Wüterich so ein reizender Typ ist. Sein Stachel sitzt wirklich tief. Denn wer vor Wut ausrastet, greift dabei auch meist andere Leute an. Es ist ein kurzer Weg hin zur verbalen Gewalt, zu der Beleidigung mit Worten. Und manchmal droht der Wüterich sogar mit körperlicher Gewalt. Schauen Sie sich die Mutter an, die ihr Kind wütend anschreit. Nachdem das Kind ebenso wütend zurückschreit, rastet die Mutter aus und ohrfeigt das Kind. Denken Sie an einen zornigen Mann, der mit seinem Nachbarn um den Gartenzaun streitet. Eben wurde noch leidenschaftlich diskutiert. Jetzt schreit der Mann und nennt seinen Nachbarn einen »total bekloppten Idioten«.

Für einen waschechten Wüterich sind immer die anderen Menschen schuld an seinen Wutausbrüchen. Hätte das Kind gleich gehorcht, so meint die Mutter, wäre sie nicht explodiert. Nur weil der Nachbar so unglaublich stur war, ist dem Wüterich der Kragen geplatzt. Wäre die Welt nicht mit so vielen Idioten bevölkert, wäre der Wüterich ein ganz ruhiger Mensch.

Mit seinen Wutausbrüchen hat der Vater sie alle vergrault

Thomas suchte dringend einen Pfleger für seinen kranken Vater. Der war von der Leiter gefallen und hatte sich am rechten Arm und an der rechten Hand schwer verletzt. Er konnte sich nicht mehr selbst waschen, sich nicht anziehen, und er konnte sich auch nur schwer etwas zu essen machen. Der Vater lebte seit der Scheidung allein, und Thomas war sein einziger Sohn. Der sollte ihm jetzt helfen.

Schon als kleiner Junge litt Thomas unter den Wutausbrüchen seines Vaters. Seine Mutter hatte sich deswegen scheiden lassen. Sein Vater bekam aus heiterem Himmel lautstarke Wutanfälle: Er brüllte, er demolierte die Wohnungseinrichtung, und er schlug auch schon mal zu. Thomas zog sehr früh von zu Hause aus. Dennoch wollte Thomas seinem Vater helfen.

Aber die Sache ging schief. Schon nach zehn Minuten bekam der Vater seinen ersten Tobsuchtsanfall. Thomas fühlte sich in seine Kindheit zurückversetzt. Nein, das wollte er nicht noch einmal erleben. Er wollte sich nicht wieder anbrüllen lassen.

Thomas rief bei einem Pflegedienst an. Die erste Pflegerin kam, blieb eine Stunde, und nach der zweiten Brüllattacke gab sie auf. Die zweite Pflegerin hielt zwei ganze Tage durch und wollte danach nicht mehr kommen. Thomas war kurz davor, zu kapitulieren. Wenn sein Vater so cholerisch war, dann musste er eben allein zurechtkommen.

Mehr Verständnis für den Wüterich

Herumwüten, sich maßlos aufregen und aggressiv werden – auch dieses Verhalten ist erlernt. Zwar gibt es generell in jedem Menschen die Veranlagung, aggressiv zu werden, zum Beispiel, um das eigene Leben oder das der Angehörigen zu verteidigen, aber es gibt auch die Fähigkeit, die Aggression nur zu fühlen, sie aber nicht auszuleben. Die Fähigkeit, die eigenen Aggressionen kontrollieren zu können, ist die Basis einer jeden Zivilisation.

Der Wüterich hat schon sehr früh etwas Entscheidendes gelernt. Er hat gelernt, dass sein Herumwüten für ihn funktioniert. Er ist damit durchgekommen. Mit dem Ausrasten hat er bekommen, was er wollte. Wahrscheinlich hatte dieser Typ auch Vorbilder (Eltern,

Geschwister oder andere Bezugspersonen), die ihm gezeigt haben, dass man mit einem Wutanfall durchaus etwas erreichen kann. Vielleicht hat er als Kind auch oft die Wutausbrüche der Eltern abbekommen. Er war ihr Opfer.

Beides, die Vorbilder und die eigenen Erfolgserlebnisse, haben diesen Menschen geprägt. Er entwickelte ein Verhaltensmuster, das automatisch anspringt, wenn er frustriert ist. Jedes Mal, wenn dieser Typ enttäuscht ist oder sich hilflos fühlt, meldet sich zuerst seine Wut. Und er hat nie richtig gelernt, seine Wut zu zügeln. Deshalb lässt er ihr freien Lauf.

Das, was nach außen hin so böse wirkt, ist von der Innenseite her eher ein Aufblähen.

Ähnlich wie beim Imponiergehabe der Tierwelt, gibt sich der Wüterich stark und versucht damit, dominant zu erscheinen. Getreu dem Motto: Ich tobe, ich brülle, also hab ich hier die Macht. Aber wer auf diese Art und Weise nach der Macht greift, der ist tief in seinem Inneren machtlos.

Mit seinen Ausbrüchen schneidet sich der Wüterich ins eigene Fleisch. Er ist derjenige, der seine Beziehungen zu anderen Menschen in Schutt und Asche legt. Es ist sein Körper, der durch den wiederkehrenden Stress kaputt gemacht wird. Am Ende ist es der Wüterich selbst, der seine eigene destruktive Suppe auslöffeln muss. Die meisten Wüteriche, die ich kennengelernt habe, litten selbst unter ihrem Verhalten. Oft bereuen sie anschließend ihren Wutausbruch. Viele möchten sich besser im Griff haben und wünschen sich, dass sie ruhiger werden.

Tun Sie das nicht

Wutausbrüche können sehr einschüchternd sein. Wer so etwas häufiger abbekommt, läuft Gefahr sich in das Verhaltensmuster zu verwickeln. Da gibt es zwei verschiedene Haken, an denen Sie festhängen können.

Der erste Haken sind die »leisen Sohlen«. Sie versuchen, den Wüterich nicht zu reizen. Sie gehen auf Zehenspitzen. Sie behandeln den Wüterich wie ein rohes Ei. Ihn bloß nicht provozieren. Er bekommt was er will, er bekommt immer Recht, und unangenehme Nachrichten werden ihm gegenüber möglichst verheimlicht. Sein Wutausbruch hängt unsichtbar drohend über der Szenerie. Sie sind eingeschüchtert.

Der zweite Haken ist das genaue Gegenteil. Daran hängen diejenigen fest, die sich vom Wüterich anstecken lassen. Der Wüterich wütet, und Sie werden auch laut. Besonders diejenigen, die auch einen kleinen Wüterich in sich tragen, verbeißen sich hier. Der Wüterich bekommt es von Ihnen mit gleicher Münze heimgezahlt, und jetzt hat er noch mehr Grund, sich aufzuregen. Schon befinden Sie sich in einem Schlagabtausch, der wahrscheinlich eskaliert.

Mit dem Wüterich gut auskommen

Es ist nicht Ihre Aufgabe, aus dem Wüterich einen besseren Menschen zu machen. Sie müssen nicht dafür sorgen, dass er sich nicht mehr aufregt oder dass er seine Wut kontrollieren kann. Das sind Aufgaben, die in das Hoheitsgebiet des Wüterichs fallen. Anders gesagt: Er ist für seine Gefühle und sein Verhalten zuständig. Ihr Job ist es, sich um Ihre Gefühle und Ihr Verhalten zu kümmern.

Machen Sie dem Wüterich ein anderes Angebot. Statt es ihm mit gleicher Münze heimzuzahlen, bieten Sie ihm eine klare Kommunikation an. Statt ihn wie ein rohes Ei zu behandeln, bleiben Sie standfest, ohne sich kleinzumachen. Verhalten Sie sich gradlinig, beständig und entschlossen – ohne den Wüterich anzugreifen. Hier kommen ein paar Tipps, die Ihnen dabei helfen:

Kommen Sie mit sich selbst ins Reine

Überlegen Sie ganz genau und in aller Ruhe, wie Sie sich künftig verhalten wollen, wenn Ihr Wüterich wieder hochgeht.

Was Sie tun können, hängt davon ab, in welcher Situation Sie sind:

→ Sind Sie vom Wüterich abhängig?

→ Wohnen Sie mit ihm unter einem Dach?

→ Ist es Ihr Partner?

→ Oder ist er Ihr Chef, Ihr Vater, Ihr Nachbar, Ihr Kollege, Ihr Skilehrer oder der Freund Ihrer besten Freundin?

→ Wie sehr ist dieser Wüterich auf Sie angewiesen?

→ Pflegen Sie diesen Menschen?

→ Unterrichten Sie den Wüterich?

→ Sind Sie sein Angestellter oder seine Ärztin?

Egal, wie Ihre Verbundenheit mit dem Wüterich aussieht, denken Sie daran: Sie sind kein Prellbock und kein Fußabstreifer!

Sorgen Sie grundsätzlich dafür, dass Sie sich noch unabhängiger vom Wüterich machen. Denn je unabhängiger Sie sind, desto besser können Sie sich abgrenzen. Notfalls reduzieren Sie den Kontakt auf ein Minimum. Oder Sie kommunizieren vorwiegend telefonisch oder schriftlich mit dem Wüterich. Entziehen Sie sich seinen Wutausbrüchen. Sorgen Sie dafür, dass Sie sich nicht dort aufhalten, wo der Wüterich herumwütet.

Was Sie im Einzelnen tun können, hängt stark davon ab, wie viel Angst Sie haben und wie sehr der Wüterich Sie im Griff hat.

Ich kann Ihnen im Rahmen dieses Buches nicht für jede denkbare Lebenssituation einen Tipp geben. Aber ich habe die Erfahrungen, die meine Teilnehmer mit wütenden Menschen gemacht haben, gesammelt und ausgewertet. Es gibt einige allgemeine Tipps, die für Sie nützlich sein könnten:

→ Überprüfen Sie, ob Sie mit einem konsequenten und sehr selbstsicheren »So nicht!« den Wutanfall Ihres Gegenübers schon im Keim abblocken können.

→ Denken Sie darüber nach, ob es für Sie machbar wäre, kommentarlos den Raum zu verlassen, während der Wüterich wütet.

→ Überprüfen Sie, ob Sie mit Humor und Witzen den Wutausbruch überspielen können, um damit zu zeigen, dass das Herumwüten Sie überhaupt nicht kratzt.

→ Überlegen Sie, ob Sie diesen Menschen insgesamt meiden sollten. Zum Beispiel indem Sie den Arbeitsplatz wechseln, sich versetzen lassen, den Kontakt sehr stark reduzieren oder ganz beenden oder indem Sie sich von dem Wüterich trennen.

→ Prüfen Sie auch, ob Sie mehr Selbstsicherheit brauchen. Denn die meisten Wüteriche drehen richtig auf, wenn ihr Gegenüber unsicher ist. Besuchen Sie ein Selbstsicherheitstraining, in dem Sie lernen, wie Sie mehr Stärke ausstrahlen können.

Lassen Sie sich nicht auf einen direkten Kampf ein. Es geht darum, dass Sie mehr Rückgrat zeigen und als Opfer nicht mehr zur Verfügung stehen.

Erwischen Sie Ihren Wüterich, wenn er nicht wütend ist

Auch wenn Sie wissen, weshalb der Wüterich herumgewütet hat, lassen Sie ihn trotzdem erklären, was los war. Dieses anschließende ruhige Reden ist wichtig. Damit zeigen Sie dem Wüterich, dass Sie ihm gern zuhören, wenn er sich ganz normal mit Ihnen unterhält. Zugleich fördern Sie seine friedliche Seite, die er zweifellos auch hat. Wichtig ist, dass Sie diesen Menschen auch anders wahrnehmen. Er ist nicht nur ein schwieriger Typ. Es ist auch jemand, mit dem Sie ruhig und vernünftig reden können.

Vorsicht mit finalen Ankündigungen

Es kann gut sein, dass Ihre Geduld mit dem Wüterich irgendwann zu Ende ist. Behalten Sie trotzdem einen klaren Kopf. Machen Sie keine finalen Ankündigungen, nach dem Motto: »Wenn du mich nochmal anbrüllst, lass ich mich scheiden!«, »... dann kündige ich!«, »... dann ziehe ich aus!« Wenn Sie solche Warnungen nicht konsequent durchziehen, verspielen Sie Ihre Glaubwürdigkeit. Sie wirken auf den Wüterich so, als wären Sie ein rückgratloses Weichei, – und das nimmt dieser Typ zum Anlass, um noch mehr auf Ihnen herumzutrampeln.

Für Ihre persönliche Selbstsicherheit ist es wichtig, dass Sie zu dem stehen, was Sie sagen. Deshalb ist es besser, weniger anzukündigen und den Mund nicht zu voll zu nehmen. Überlegen Sie vorher, was Sie realistischerweise tatsächlich tun können.

Der Wüterich nimmt Sie ernst, wenn Sie Ihre Ankündigungen auch tatsächlich in die Tat umsetzen. Sagen Sie, was Sie tun werden, zum Beispiel, dass Sie beim nächsten Wutausbruch den Raum verlassen werden, und dann tun Sie das auch.

Reden Sie mit Ihrem Wüterich darüber, wie es Ihnen geht

Reden Sie darüber, was seine Wutausbrüche bei Ihnen bewirken. Auch wenn es vielleicht nichts an seinen Verhalten ändert, machen Sie es dennoch. Indem Sie darüber reden, zeigen Sie Ihre Standfestigkeit. Sie tauchen nicht unter. Sie schauen dem Herumwüten klar und ohne Angst ins Auge.

Dann sagen Sie Ihrem Wüterich, was Sie in Zukunft tun wollen, wenn er wieder herumtobt. Lassen Sie das nicht wie eine Drohung klingen. Erklären Sie Ihrem Wüterich, dass das Maßnahmen sind, mit denen Sie sich selbst schützen. Bleiben Sie dabei ruhig, und sprechen Sie so, als würden Sie dem Wüterich nur das Datum und die Uhrzeit ansagen.

Ganz wichtig: Achten Sie darauf, dass Sie mit Ihrem neuen Verhalten weder sich selbst noch dem Wüterich noch anderen Menschen einen Schaden zufügen.

Lassen Sie sich nicht quälen

Bei extremen Wutausbrüchen oder bei drohender körperlicher Gewalt ist das Ende der Kommunikation erreicht. Nun wird nicht mehr geredet. Jetzt gibt es auch kein Verständnis mehr. In solchen extremen Situationen gilt nur eins: Weg da! Lassen Sie sich auf keinen Kampf ein, sondern bringen Sie sich in Sicherheit. Wenn Sie massiv bedroht oder verletzt werden, ist das Ganze auch ein Fall für die Polizei. Scheuen Sie sich nicht, Anzeige zu erstatten. Auf jeden Fall bleiben Sie nicht dort, wo man Sie misshandelt.

Mehr Informationen finden Sie dazu im Kapitel »Wie Sie sich im Alltag selbst helfen können« im letzten Punkt: »Sich trennen oder bleiben?« auf Seite 153.

Resolut, aber nicht ruppig

Thomas brachte es nicht übers Herz, seinen Vater ganz allein zu lassen. Er startete noch einen neuen Versuch mit einem anderen Pflegedienst. Er bat von vornherein um einen Pfleger, der mit so einem schwierigen Menschen umgehen konnte. Es kam eine Pflegerin, die etwas älter war, eine große Frau, die ich Frau Stark nennen will. Thomas war an dem Morgen dabei, als Frau Stark zum ersten Mal seinen Vater vorsorgte.

Gleich beim Anziehen bekam sein Vater den ersten Wutanfall. Frau Stark blieb erstaunlich ruhig. Als sein Vater mit dem Brüllen aufhörte, sagte sie lakonisch: »Die Lautstärke müssen Sie sich abgewöhnen. Meine Ohren sind in Ordnung, und ich höre Sie besonders gut, wenn Sie normal mit mir reden.« Beim zweiten Wutanfall sagte sie nur: »Wenn Sie weiter so aggressiv sind, bekommen Sie noch einen Herzinfarkt. Falls Sie den überleben, sind Sie ein Dauer-Pflegefall. Ich pflege Sie dann für immer, von morgens bis abends, jeden Tag. Wollen Sie das riskieren?« Thomas sah erstaunt, wie sein Vater schmunzelte.

Frau Stark war resolut, aber nicht ruppig. Immer wenn der Vater ruhig mit ihr sprach, lächelte sie ihn an. Sie scherzte mit ihm, nannte ihn einen charmanten Mann. Das gefiel ihm. Wenn er wütend wurde, ging sie entweder aus dem Raum, oder sie stoppte ihn sofort, mit einem strengen Tonfall: »Jetzt wird nicht gebrüllt. Man schreit die Hand nicht an, die einen füttert.« Der Vater wurde umgänglicher. Er fühlte sich wohl, wenn Frau Stark da war.

Was Thomas erlebte, war ein kleines Wunder. Sein Vater schien jetzt etwas zu können, was Thomas bei ihm noch nicht erlebt hatte: Sein Vater konnte sich beherrschen. Er blieb zwar weiterhin ein Wüterich, aber offenbar konnte man mit ihm auskommen.

Hilfe, manchmal bin ich auch ein Wüterich

Wut und Ärger sind auch eine Frage der inneren Einstellung. Die innere Einstellung der wütenden Menschen lautet ungefähr so: »Die Welt soll gefälligst so sein, wie ich sie gern hätte. Die Leute sollen sich korrekt und vernünftig benehmen. Das Wetter, die Technik, die Politik, der Verkehr sollen in Ordnung sein, und zwar immer. Ich soll von jedem anderen Menschen respektiert und geschätzt werden. Niemand darf mich unfair behandeln. Alles soll so sein, wie ich es für richtig halte.«

Tatsache ist: Die Welt und die Menschen sind nicht so, wie wir sie gerne hätten. Die Zornigen aller Länder sind darüber richtig verärgert. Hier ein paar Tipps, mit denen Sie aus der Wut-Nummer rauskommen.

Lernen Sie, mehr zu akzeptieren

Wollen Sie weniger wütend sein? Dann ändern Sie Ihre innere Einstellung. Akzeptanz heißt das neue Lernziel. Sie können etwas Störendes zuerst akzeptieren und anschließend alles tun, um das Störende zu beseitigen. Dazu brauchen Sie keine Wut. Üben Sie jeden Tag, all das Nervige zu akzeptieren, das Ihnen widerfährt. Das entzieht der Wut den Nährboden. Akzeptieren heißt nicht »gut finden« oder »nichts mehr tun«. Sie müssen den Verkehrsstau, den Ausfall Ihres Computers oder die Unhöflichkeit des Verkäufers nicht gut finden. Aber Sie können lernen, so eine Erfahrung ohne Widerstand einfach nur zu erleben – ohne in Gedanken mehr daraus zu machen, als tatsächlich passiert ist. Das spart auch eine Menge Energie, die Sie für anderes nutzen können.

Kommen Sie bald von der Palme runter

Sie brauchen eine gute Routine, um mit Ihrer Wut fertig zu werden. Mein Vorschlag: Leisten Sie dem Gefühl keinen Widerstand. Fühlen Sie alles, und hören Sie gleichzeitig auf, über den Anlass nachzudenken. Nicht in Gedanken herumkreisen. Nur fühlen, bis sich die Wogen sich wieder geglättet haben.

Treffen Sie **keine wichtigen Entscheidungen**, wenn Sie auf **Hundertachtzig** sind.

Wenn es etwas zu tun gibt, handeln Sie

Dem Ereignis, das Sie vielleicht stört, können Sie viel effektiver mit Ihrer Klarheit begegnen als mit Ihrem Zorn. Wenn es eine Kleinigkeit war oder nicht zu ändern ist, können Sie das Ganze ignorieren. Fühlen Sie Ihren Ärger, akzeptieren Sie die Sache, und gehen Sie zum nächsten Tagesordnungspunkt über.

Wenn es um etwas ging, das Sie ändern können, dann machen Sie sich einen Plan. Überlegen Sie, was Sie tun können. Gehen Sie los und engagieren Sie sich. Zum Beispiel: Setzen Sie ein Reklamationsschreiben auf. Ziehen Sie einen Rechtsanwalt hinzu. Holen Sie sich einen Termin bei einem Coach, einem Psychotherapeuten oder einem anderen Berater. Bitten Sie die örtliche Tageszeitung um Hilfe. Suchen Sie sich einen neuen Job. Wenden Sie sich an Ihren Kommunalpolitiker. Treten Sie einer Partei oder einer Gewerkschaft bei. Gründen Sie eine Selbsthilfegruppe. Reden Sie mit Leuten, die etwas Ähnliches erlebt haben. Tun Sie, was nötig ist, damit sich das Ärgernis nicht wiederholt.

Was Sie vom Wüterich lernen können

Auch der Wüterich hat im Kern eine Kompetenz, die wir im Alltag dringend brauchen. Tief drinnen, hinter all dem Schimpfen und Ärgern steckt eine wirkungsvolle Kraft. Es ist eine positive Aggression. Die Kraft, einen Schlusspunkt zu setzen. So ein Schlusspunkt gehört dahin, wo das Maß voll ist.

Stellen Sie sich vor, ein Freund bringt Sie mit starken Schmerzen in der Brust und massiven Atembeschwerden in die Notaufnahme eines Krankenhauses. Während Sie wirklich leiden, lässt man Sie warten. Als dann endlich eine Schwester kommt, werden Sie gebeten, einige Formulare auszufüllen. Währenddessen müssen Sie weiterhin warten. Inzwischen werden Ihre Schmerzen immer stärker. Jetzt kann es lebensrettend sein, dass Sie jemanden bei sich haben, der energisch einen Schlusspunkt setzen kann. Jemand der aufsteht und dafür sorgt, dass jetzt Schluss ist mit den Formularen, Schluss mit dem Warten. Jetzt brauchen Sie sofort einen Arzt. Genau dafür sorgt dieser Mensch, ohne Wenn und Aber.

Gerade die Duldsamen, die ewig freundlichen Gutmenschen brauchen diese knallharte Schluss-jetzt-Kompetenz. Da gibt es kein Herumeiern, kein Vielleicht und kein Irgendwann. Da gibt es nur noch ein Ausrufungszeichen:

»Das hört jetzt auf!«

Das ist die Kernkompetenz: einen unwürdigen Zustand schnell beenden. Bestimmt eine Grenze ziehen. Bis hierher und nicht weiter. Sie können das Grenzenziehen lernen und sich angewöhnen.

Der **Nörgler**

Das Leben ist kein Honigschlecken. Daran erinnert der Nörgler Sie gern. Er zeigt Ihnen, wo das Ungerechte, das Verdorbene und das Dumme zu finden sind. Wenn Sie Pech haben, findet er das alles bei Ihnen. Denn dieser Typ schaut genau dorthin, wo das Haar in der Suppe schwimmt. Der Nörgler schafft es, das Fehlerhafte so weit zu vergrößern, bis es alles Gute vollkommen verdeckt.

Körpersprache und Verhalten

Nörgelnde Typen erkennen Sie an einer ablehnenden Körperhaltung, an einem ernsten Gesichtsausdruck und einem empörten Tonfall. Ihre Arme sind oft verschränkt. Das verneinende Kopfschütteln finden Sie bei diesem Menschentyp am häufigsten. Es gibt Nörgler, die, wenn sie richtig in Wallung kommen, dramatische und ausufernde Gesten machen.

Manche Nörgler wirken anfangs so, als hätten sie einen besonders kritischen Durchblick. Aber wenn man ihnen lange genug zuhört, fällt auf, dass sie nur das Negative anprangern. Sie selbst haben keine Lösungen, keine Verbesserungsvorschläge, keine guten Ideen. Sie weisen auf das Mangelhafte hin, ohne dabei konstruktiv zu sein.

Was reizt am Nörgler so?

Neigen Sie dazu, optimistisch und positiv durchs Leben zu gehen? Versuchen Sie, freundlich zu sein und überall das Gute zu sehen? Dann sind die nörgelnden Typen für Sie besonders reizend. Die Nörgler ziehen Sie runter. Das können sie wirklich gut – in jeder Beziehung, auf jeder Ebene. Solche Menschen finden die Schwächen bei anderen Menschen und in der Gesellschaft und prangern sie auch an. Sie können aber auch hervorragend Schwarzsehen. Gute Nörgler springen blitzschnell von einem Thema zum anderen. Das klingt dann etwa so:

»Die Hohlköpfe in der Chefetage haben keine Ahnung davon, was wir hier stemmen müssen. Die da oben schaffen es noch, diese Firma kaputt zu managen. Und wir sitzen dann auf der Straße. Was aber echt ätzend ist, ist, dass diese Leute das Geld für absolut sinnlosen Mist verschwenden. Übrigens, hast du gelesen, dass dieser Fußballtrainer schon wieder seine Frau betrogen hat? Also diesen Leuten ist ja nichts heilig. Aber warte mal ab, wenn der mit seiner Kariere am Ende ist, dann wird der sich umgucken. Der wird ganz allein vor die Hunde gehen.«

Wer einem Nörgler zuhört, fühlt sich nach kurzer Zeit deprimiert oder wird von der Empörung des Nörglers angesteckt. Da gibt es nichts zu lachen. Die Laune geht in den Keller. Nörgler ziehen einen runter. Und fast immer sieht es so aus, als hätten sie damit Recht.

Der Nörgler stürzt sich auf schlechte Nachrichten und verbreitet diese zusammen mit seinen dunklen Kommentaren.

SCHWIERIGE TYPEN: DER NÖRGLER | 2

Ja, die Welt und die Leute sind schlecht. Das weiß der Nörgler ganz genau. Und er sucht nach allem, was seine Meinung bestätigt.

Wenn das Meckern nicht mehr aufhört

Oliver hatte sich daran gewöhnt, dass seine Mutter hauptsächlich unzufrieden war. Seit ihr Mann, Olivers Vater, gestorben war, verschlimmerte sich ihre Nörgelei. Sie lief zu Hochtouren auf, als Oliver ihr seine neue Freundin Maja vorstellte. Beim ersten Besuch wurde Maja von der Mutter höflich behandelt. Aber am nächsten Abend rief die Mutter bei ihrem Sohn an und beschwerte sich heftig über »das Blondchen, das er da angeschleppt hatte«. Die Mutter zog vom Leder: Maja hätte keine Manieren und keine Schulbildung. Dieses Mädchen könne Oliver nicht das Wasser reichen. Und außerdem passe sie nicht in die Familie. Sie sei einfach zu primitiv.
Oliver hatte von seiner Mutter nichts anderes erwartet. Keine seiner Freundinnen hatte ihr je gefallen. Aber das ging jetzt zu weit. Oliver platzte der Kragen. Er fuhr seine Mutter an und drohte ihr, er würde sie nie wieder besuchen. Nie wieder mit ihr ein Wort reden, wenn sie weiterhin so meckern würde. Jetzt fing die Mutter an, sich über Oliver zu beschweren. Sie beklagte sich, dass die schlechten Manieren des Blondchens bereits auf ihn abgefärbt hätten. Maja würde die ganze Familie entzweien, sie würde nur Unheil stiften. Das, was Oliver gerade gesagt hätte, wäre der beste Beweis dafür.
Oliver war extrem sauer. Er beendete das Telefonat abrupt mit den Worten: »Das muss ich mir nicht mehr anhören.« Für Oliver war der Ofen aus. Er wollte erst einmal nichts mehr mit seiner Mutter zu tun haben. Keine Besuche, keine Anrufe. Das war alles viel zu belastend für ihn. Die Nörgeleien seiner Mutter waren für Oliver wie ein Angriff, gegen den er sich nicht verteidigen konnte.

Mehr Verständnis für den Nörgler

Warum nörgelt dieser Typ so viel? Warum dieses ganze Gemecker? Der Nörgler wird von einer tiefen Angst geplagt, die seine Unzufriedenheit nährt. Tief in seinem Inneren glaubt dieser Typ an Gefahr und Bedrohung. Aber das ist von außen nicht erkennbar. Der Nörgler meckert und wirkt damit leicht aggressiv, manchmal auch verbittert, aber seine Angst kommt nicht zum Vorschein.

Ein kleines Beispiel von mir: Der vorletzte Winter war kalt, sehr schneereich und schien nicht enden zu wollen. Noch bevor es morgens richtig hell wurde, war ich draußen, um den Schnee wegzuräumen. Dabei grummelte ich unzufrieden vor mich hin. Beim Schneeschippen nörgelte ich in mich hinein. Mein Nachbar kam vorbei, begrüßte mich freundlich und blieb stehen. Er fragte mich, wie es mir geht. Ja, ich gebe es zu: Ich habe die Gelegenheit beim Schopfe gepackt und so richtig laut losgenörgelt. Ich sagte, der Schnee nervt mich, ebenso die ständig glatten Straßen. Man muss immer aufpassen, um auf den Fußwegen nicht auszurutschen. Fahrradfahren geht gar nicht mehr. Und bei den Minusgraden steigen die Heizkosten ins Unermessliche.

Mein Nachbar nahm meine Nörgelattacke freundlich zur Kenntnis. Offenbar ließ er sich davon nicht seine Laune verderben. Er antwortete mit einem Lächeln, dass er den weißen, kalten Winter ganz schön fände. Dann zog er seinen Hut und wünschte mir noch einen schönen Tag.

Stellen Sie sich jetzt Folgendes vor: Angenommen, mein Nachbar hätte mich gefragt »Frau Berckhan, was macht Ihnen eigentlich Sorgen? Was befürchten Sie bei diesem Winter? Wovor haben Sie Angst?« Ich wäre vielleicht im ersten Moment baff gewesen. Aber diese Fragen zielen auf den Kern der Sache. Ich hatte tatsächlich Angst. Oberflächlich grummelte und meckerte ich zwar, aber tief im Inneren war ich bange. Dieser Schnee-und-Eiswinter bedrohte meine Reisetermine. Um meine Vorträge halten zu können, muss ich in andere Städte reisen. Viel zu oft hörte ich in den Nachrichten, dass die Flughäfen bei Schneetreiben geschlossen wurden. Die Bahn meldete immer wieder Verspätungen. Ganze Züge fielen aus. Ich hatte Angst, dass meine Termine platzten und dass ich deswegen kein Geld verdienen könnte. Diese Angst war da, aber meistens spürte ich sie nicht. Sie war sozusagen eingeschneit. Begraben unter einer dicken Schicht bitterer Nörgelei.

Wenn Sie das nächste Mal einem Nörgler begegnen, denken Sie daran, dass dieser Mensch nicht nur schlecht gelaunt ist, sondern dass er möglicherwiese auch Angst hat.

Tun Sie das nicht

Ein echter Nörgler wird auf zwei Dinge nicht anspringen: Auf Ihre positive Sichtweise und auf Ihre gute Laune. Ihre positive Sichtweise wird ihn nicht überzeugen. Im Gegenteil: Wenn Sie darauf bestehen, dass alles auch eine gute Seite hat, wird der Nörgler Sie in Frage stellen. Er hat seine Urteile gefällt, und jetzt will er damit Recht haben. Und Sie? In seinen Augen sind Sie naiv, blauäugig, ein Träumerle. Sie sind jemand, der die Tatsachen nicht wahrhaben will. Der Nörgler hält sich selbst für einen Realisten.

Auch Ihre gute Laune funktioniert bei einem Nörgler nicht. Der Nörgler fühlt sich unzufrieden, hält sich aber auch für überlegen, weil er die Welt und die Leute angeblich durchschaut hat. Ihr Frohsinn ist für den Nörgler eine unrealistische Haltung. Wie kann man nur lächeln, während links und rechts alles immer schlimmer wird? Wenn Sie gute Laune haben, haben Sie keine Ahnung, was wirklich los ist. Und der Nörgler ist gern bereit, Sie gründlich darüber aufzuklären.

Mit dem Nörgler gut auskommen

Wir können den Nörgler nicht zu einem besseren Menschen machen. Wir wollen diesen Typen nicht bekehren oder ihn dazu bringen, das Leben von der positiven Seite zu sehen. Würden wir das tatsächlich ganz ernsthaft versuchen, hätten wir uns in sein Verhaltensmuster verhakt.

Die gute Nachricht lautet: Sie können vom Haken kommen, indem Sie Ihr Verhalten ändern. Die folgenden Tipps helfen Ihnen dabei.

Was beunruhigt den Nörgler wirklich?

Viele Nörgler haben einen ganzen Sack voller Beschwerden über die Welt im Allgemeinen und die Menschen im Besonderen – und diesen Beschwerdesack schütten sie Ihnen gern vor die Füße. Achten Sie darauf, was den Nörgler tatsächlich persönlich betrifft. Was befürchtet er? Worüber macht er sich wirklich Sorgen? Filtern Sie heraus, was für den Nörgler die Hauptsorge ist. Sprechen Sie nur darüber mit ihm. Den übrigen Nörgelkram können Sie ignorieren.

Zeigen Sie dem Nörgler, dass Sie seine Sorgen und Ängste verstehen

Sich verstanden zu fühlen, ist für einen Nörgler besonders wichtig. Aber Achtung! Verständnis zu haben, ist nicht das Gleiche wie eine Zustimmung. Sie können die Sorgen eines Nörglers verstehen, aber deshalb müssen Sie nicht seiner Meinung sein. Zum Beispiel: Sie könnten verstehen, warum mir dieser kalte Winter solche Sorgen machte, aber Sie müssen den Winter deshalb nicht genau so negativ beurteilen wie ich.

Trennen Sie Ihr Verständnis für die Sorgen des Nörglers deutlich von Ihrer Meinung, etwa so: »Ich kann nachvollziehen, dass dir das nicht gefällt. Ich sehe die Sache anders.«

Lassen Sie das Nörgeln vorbeiziehen

Sie müssen nicht auf alles eingehen, was andere Leute sagen. Das können Sie beim Nörgler hervorragend üben. Der Nörgler meckert, und Sie lassen das Gemecker an sich vorbeiziehen wie den Wind. Sie greifen nicht danach. Sie diskutieren nicht darüber. Sie gehen nicht dagegen an. Sie warten einfach, bis der Nörgler etwas sagt, was Sie interessiert oder mit dem Sie etwas anfangen können. Darauf gehen Sie ein, daran knüpften Sie an. Das Genörgel aber lassen Sie kommentarlos abfließen.

Hinter die bittere Fassade schauen

Ich sprach mit Oliver darüber, wie er sich vor den Nörgelattacken seiner Mutter besser schützen kann. Ich empfahl ihm drei Maßnahmen, die sich im Umgang mit Nörglern bewährt haben:

1 *Für Oliver war es wichtig, zuerst seine Gefühle und Gedanken in Ruhe wahrzunehmen. Er war sauer auf seine Mutter, und ihm kam der Gedanke, den Kontakt zu ihr abzubrechen. Es ist immer gut, solche Gedanken und die dazugehörigen Gefühle einfach nur zu bemerken, ohne sich hineinzusteigen. Einfach nur akzeptieren, was sich jetzt innerlich breit macht.*

2 Ich bat Oliver darum, sich von den genauen Worten, die seine Mutter gesagt hatte, innerlich zu lösen. Die Mutter versucht, mit ihrem Nörgeln etwas ganz anderes zum Ausdruck zu bringen. Sie hat Angst, sie macht sich Sorgen. Aber sie kann diese Gefühle nicht in Worte fassen. Sie hat zu wenig Übung darin, das auszusprechen, was ihr wirklich auf dem Herzen liegt. Vielleicht will sie ihre Ängste und Sorgen auch nicht wahr haben. Spontan verfällt sie in ihr antrainiertes Verhaltensmuster und fängt an, zu meckern. Wenn Oliver diese nörgelnden Worte der Mutter auf die Goldwaage legt und sich mit ihr darüber streitet, dann hat er seine Mutter falsch verstanden.

3 Der dritte Schritt war für Oliver sehr ungewohnt und auch ein wenig seltsam. Ich schlug ihm vor, er könne weiterhin mit seiner Mutter reden, aber nicht mehr über Maja. Das eigentliche Thema waren die Ängste und die Sorgen seiner Mutter. Darüber lohnt es sich, mit ihr zu reden. Eine Frage wäre ein guter Einstieg: »Mama, worüber machst du dir Sorgen?«

Oliver ließ sich Zeit, um die letzte Nörgelattacke seiner Mutter zu verdauen. Nach einer Woche rief er sie an. Er sagte ihr zu Beginn, was bei ihm nach dem letzten Telefonat los war. Und dann stellte er die Frage: Er fragte seine Mutter, ob sie sich Sorgen machen würde. Zunächst fing die Mutter wieder an, zu nörgeln. Ja, sie mache sich Sorgen, weil Maja einfach nicht die passende Frau für ihn sein. Und so weiter und so weiter.

Oliver ließ sich von dem Nörgelschwall nicht beirren. Er fragte nochmal: »Was beunruhigt dich?« Da seufzte seine Mutter. Sie antwortete etwas stockend: »Na, was mich beunruhigt, kannst du dir ja wohl denken. Du hast eine Freundin, du bist verliebt, und ich bleib allein zurück. Vielleicht willst du mit dieser Maja zusammenziehen und sie irgendwann heiraten. Und was wird aus mir? Ich bin dann bei euch

abgeschrieben. Ich hab niemanden mehr. Ich bin ganz allein.«
Die Mutter klang traurig. Oliver hörte zum ersten Mal von ihrer
Angst, einsam zu sein. Das war der Moment, in dem sich die beiden
wieder näher kamen. Für ein paar Minuten zeigte seine Mutter, wie
ihr wirklich ums Herz war. Und Oliver konnte sie verstehen. Jetzt
wusste er, dass ihre Nörgelei nur eine Fassade war, hinter der sie ihre
Angst vor der Einsamkeit versteckte. Dieses Wissen ließ ihn weitere
Nörgeleien der Mutter leichter ertragen. Er wurde ihr gegenüber ge-
lassener, und er redete wieder häufiger mit ihr.

Hilfe, manchmal bin ich auch ein Nörgler

Ach, Sie auch? Da können wir uns die Hand reichen. Ich bin eine
bekennende Nörglerin, allerdings praktiziere ich das nicht mehr so
häufig. In meiner beruflichen Rolle zeige ich mich eher von der anderen Seite – als freudestrahlende Optimistin. Meine innere Nörglerin kommt bestenfalls im Privatleben ans Licht.
Aber jetzt lassen Sie uns mal Klartext reden, so unter uns Nörglern: Dieses permanente positive Denken – was soll das? Dazu
noch die hochmotivierten Happy-Leute, mit ihrer ewigen guten
Laune – die können einem doch gewaltig auf den Keks gehen. Das
Leben ist nicht nur ein blühender Rosengarten. Nein, manchmal
ist es auch ein stinkender Hundehaufen. Das muss man auch einmal laut sagen dürfen.
Das Problem mit dem Nörgeln ist Folgendes: Es tut weh. Wer nörgelt, fällt Urteile, und die badet man immer selber aus – im Guten
wie im Schlechten. Wer schlecht über die Welt und andere Leute
urteilt, fühlt sich schlecht. Wir schwimmen emotional immer in

dem, was wir denken und von uns geben. Wir fühlen unsere Urteile. Deshalb eine kleine Kur-Empfehlung für alle, die hin und wieder zu viel nörgeln.

Machen Sie eine Urteils-Fasten-Kur

Probieren Sie es aus: Urteilen Sie einen Tag lang über nichts und niemanden – weder negativ noch positiv. Falls solche urteilenden Gedanken auftauchen – und das werden sie mit Sicherheit –, dann lassen Sie diese Gedanken sofort wieder fallen. Lassen Sie sie los, ohne weiter darüber nachzudenken. Wenden Sie sich bewusst dem zu, was Sie gerade tun oder wahrnehmen.

Gewöhnen Sie es sich an, solche urteilsfreien Zeiten immer häufiger zu genießen. Sie werden merken, wie Ihr Alltag leichter und beschwingter dahingleitet. Da Sie sich nicht mehr mit negativen Urteilen stressen, fühlen Sie sich besser.

INFO

Stellen Sie sich Ihren Ängsten und Sorgen

Bei Ihrer nächsten Nörgelattacke können Sie etwas Neues über sich erfahren. Statt weiterhin über Gott und die Welt zu schimpfen, gönnen Sie sich eine Pause. Halten Sie kurz inne, und bohren Sie in Ihre Tiefen. Schauen Sie nach, ob es tief in Ihrem Inneren etwas gibt, was Sie beunruhigt. Etwas, was Ihnen Sorgen macht. Seien Sie bereit, diese Beunruhigung oder diese Sorge auch zu fühlen. Nur fühlen. Nichts damit machen. Es ist vollkommen in Ordnung, diese Gefühle zu fühlen. Es ist ein Zeichen von Stärke, wenn Sie sich alle Ihre Gefühle erlauben.

Wenn Sie dann doch einmal eine Nörgelattacke vom Stapel lassen, verurteilen Sie sich nicht dafür. Sagen Sie »Hallo!« zu Ihrem inneren Nörgler, lächeln Sie, und danken Sie diesem Teil Ihrer Seele für die Bereitschaft, jederzeit loszumeckern – denn auch das will gekonnt sein.

Umarmen Sie Ihren inneren Nörgler

Ich habe eine kleine Alltagsübung für Sie, die Ihnen zu mehr Gelassenheit verhilft. Probieren Sie einmal Folgendes aus: Achten Sie zwischendurch immer wieder bewusst darauf, ob Ihnen nörgelnde Gedanken durch den Kopf gehen. Wenn Sie sich beim Nörgeln ertappen, ändern Sie zunächst nichts daran. Ärgern Sie sich nicht darüber, und versuchen Sie auch nicht, diese Gedanken zu stoppen. Registrieren Sie einfach nur, was Ihnen durch den Kopf geht, und – jetzt kommt der anspruchsvolle Teil – akzeptieren Sie, dass Sie jetzt gerade diese nörgelnden Gedanken haben.

Dieses Akzeptieren ist eine Form des Loslassens. Sie leisten keinen Widerstand gegen diese Gedanken. Aber Sie verwickeln sich auch nicht darin und hängen ihnen hinterher. Sie lassen sie vorbeiziehen wie Wolken am Himmel. Ich sage dazu manchmal auch: Umarmen Sie Ihren inneren Nörgler.

Lassen Sie bewusst zu, dass diese innere Stimme da ist. Mit diesem Zulassen wird sie jedes Mal etwas milder und weniger giftig. Je liebevoller Sie mit sich umgehen, desto weniger nörgelnde Gedanken kommen Ihnen.

Das Zulassen ist **praktizierte Liebe.** Sie ändern damit Ihr **emotionales Betriebsklima.**

Was Sie vom Nörgler lernen können

Kaum zu glauben, aber auch im Nörgeln steckt eine Kernkompetenz, eine Fähigkeit, die wir durchaus nutzen können. Es ist die Kompetenz, einen Fehler zu suchen und auch zu finden. Diese Kompetenz ist immer dann wichtig, wenn Dinge nicht klappen oder wenn etwas Neues entsteht, das am Ende auch funktionieren soll. Denken Sie an den Bau eines Hauses, an eine Hoteleröffnung, die Entwicklung neuer Software, eine Theaterpremiere oder an ein Buchmanuskript. Wenn es um etwas Wichtiges geht, brauchen wir einen klaren Blick für die Schwachstellen.

Es ist immer gut, jemanden im Team zu haben, der kritisch ist und nach Fehlern sucht.

Der blanke Optimismus nach dem Motto: »Lasst uns positiv denken, dann wird alles klappen«, ist viel zu naiv. Wir möchten nicht, dass unsere Flugzeuge, Schiffe oder Hochhäuser so optimistisch gebaut werden. Wir erwarten, dass es jemanden gibt, der mit einem sehr kritischen, fehlersuchenden Blick alles unter die Lupe nimmt. Besonders bei wichtigen Projekten wird jemand gebraucht, der das Haar in der Suppe sucht und auch findet.
Ein guter Fehlersucher spielt den Advocatus Diaboli und zeigt mit dem Finger dorthin, wo der Optimismus nicht hinschauen will: Die Statik stimmt nicht. Das Material ist fehlerhaft. Die Finanzierung ist nicht so solide wie behauptet. Das Marketingkonzept fehlt völlig. Der Zeitplan ist zu eng kalkuliert. Gut, dass jemand diese Schwachstellen entdeckt hat.

Das **Lästermaul**

Der Name ist schon das ganze Programm. Die üble Nachrede ist das Hauptgeschäft des Lästermauls. Dieser Typ lästert über andere Leute, vorzugsweise wenn sie nicht da sind. Dabei geht es oft um Geschichten, die er wiederum von anderen gehört hat. Dinge, die man sich hinter vorgehaltener Hand erzählt. Damit ist das Lästermaul ein Meisterkoch in der Gerüchteküche.

Körpersprache und Verhalten

Suchen Sie sich eine Gruppe von Menschen, die sich untereinander kennen und Smalltalk machen. Achten Sie auf den Typ, der etwas Negatives über andere Leute sagt. Sein Gesichtsausdruck ist meistens unauffällig. Aber beim Lästern kann schon mal eine leicht angeekelte Miene entstehen. Dazu gehört ein leiser, manchmal auch dramatischer Tonfall. Der Blick huscht nach links und rechts, um abzuchecken, ob unerwünschte Zuhörer in der Nähe sind. Das Lästermaul steht mit seinen Tratschgeschichten meistens im Mittelpunkt. Man hört ihm gebannt zu. Dabei sonnt sich das Lästermaul in der Aufmerksamkeit seiner Zuhörer. Seine Worte kommen an und werden nicht so schnell vergessen. Und genau das genießt das Lästermaul.

Was macht das
Lästermaul so reizend?

Das Reizende am Lästermaul ist die Klimavergiftung. Und die kann ziemlich stark sein. Wer über andere herzieht, redet ja nicht über die Tugenden und den Liebreiz anderer Leute. Nein, dieser Typ redet über die Pannen und Peinlichkeiten seiner Mitmenschen. Über das, was eigentlich nicht in die Öffentlichkeit gehört. Seine Tratschgeschichten würzt das Lästermaul mit einer Prise Triumph und einer Spur Abscheu, gut durchsetzt mit viel Sensationslust. Im Extremfall sorgt das Lästermaul dafür, dass andere Leute zu Außenseitern gestempelt werden. Aber immer wäscht dieser Typ seine Hände in Unschuld. Er erzählt ja nur das weiter, was er irgendwo von irgendwem gehört hat.

Tratschen ist die Waffe der Feiglinge.

Böse Vermutungen in der Mittagspause

Folgen Sie mir bitte in eine ganz alltägliche Lästerhölle. Stellen Sie sich vor, wir beide kennen uns. Wir arbeiten zusammen in einer Firma, und jetzt sitzen wir in der Mittagspause zusammen und plaudern miteinander. Wir reden darüber, was wir so machen und wie es uns gerade geht. Üblicher Smalltalk. Da fällt mir ein, ich habe ein paar Neuigkeiten über einen Kollegen, den wir beide kennen. Das ist der Herr Meier.

Was ich Ihnen nicht verrate, ist, dass ich Herrn Meier nicht besonders mag. Er hat mir vor zwei Jahren eine Abfuhr erteilt, als ich ihn darum bat, mir bei einem Projekt zu helfen, und vor drei Tagen hat er einen blöden Witz über meine neue Brille gemacht. Nein, Herr Meier ist mir unsympathisch. Aber eben dieser Herr Meier soll angeblich seinen Führerschein verloren haben. Eigentlich weiß ich das nicht genau. Die Frau aus der Poststelle hat das im Scherz vermutet, weil Herr Meier seit drei Wochen immer mit dem Bus zur Arbeit kommt – solange kann ja wohl kein Auto in der Werkstatt sein. Jetzt sitzen wir beide zusammen, und bevor uns der Gesprächsstoff ausgeht, erzähle ich Ihnen meine Vermutungen über Herrn Meier und seinen verlorenen Führerschein. Der Herr Meier kommt bei der Geschichte nicht so gut weg, aber ich gebe ja nur ganz unschuldig das weiter, was ich gehört habe. Sie hören mir interessiert zu. Na, springen Sie darauf an? Wenn ja, lege ich nach: »Wie hat der wohl seinen Führerschein verloren? Hoffentlich war da kein Alkohol im Spiel.« Haben Sie es gemerkt? Aus einer anfänglichen Vermutung – Führerschein verloren – wurde gerade eine neue Vermutung – Alkohol am Steuer – geboren. Herr Meier steht noch schlechter da, und er kann sich nicht dagegen wehren.

Und Sie? Sind Sie immer noch interessiert, an der Geschichte von Herrn Meier? Ja? Dann Sie hängen am Haken eines Lästermauls.

Mehr Verständnis für das Lästermaul

Seien wir ehrlich. Sie und ich, wir beide haben auch schon über andere Leute gelästert. Das können wir ruhig zugeben. Indem wir uns unsere eigenen Tratschereien genauer anschauen, entwickeln wir mehr Verständnis für das Lästermaul. Ein Lästermaul betreibt dieses Tratschen und Klatschen über andere Menschen exzessiv, also sehr häufig.

Warum lästern Menschen so intensiv und ausgiebig über andere? Dafür gibt es zwei wesentliche Gründe. Hauptsächlich ist das Lästern eine Form indirekter, versteckter Aggression. Es wird gern eingesetzt, um Rivalen und Gegner schlecht zu machen, um sie herabzusetzen – ohne dabei einen offenen Schlagabtausch zu riskieren. Unterschwellige Konkurrenzkämpfe gehen oft mit Lästerattacken einher.

Ein zweiter Grund fürs Lästern ist eher banal: Das Lästermaul will sich interessant machen. Wer lästert, steht im Mittelpunkt und hat Informationen, die die anderen nicht haben.

Wer lästert, bekommt Aufmerksamkeit.

Bevor ein Gespräch verebbt oder ein peinliches Schweigen entsteht, erzählt man doch gern etwas über andere Leute. Wer sich ansonsten für langweilig und nichtssagend hält, kann sich mit kleinen Lästereien interessant machen.

Tun Sie das nicht

Das Lästermaul direkt anzugreifen, bringt Ihnen keinen Vorteil. Sie kommen damit nicht vom Haken. Ein Lästermaul kann sich in der Regel gut verstecken. Es gibt ja nur weiter, was es woanders aufgeschnappt hat. Gute Lästermäuler benutzen den Zusatz: »Ich glaube nicht, dass an der Geschichte was Wahres dran ist.« Aber erzählt haben sie das Ganze trotzdem. Falls Sie das Lästermaul direkt angreifen, raten Sie mal, über wen als nächstes gelästert wird? Ja, dann sind Sie dran.

Mit dem Lästermaul gut auskommen

Auch wenn es vielleicht schwerfällt, Sie kommen mit einem Lästermaul besser zurecht, wenn Sie diesen Typen nicht verurteilen. Sie haben es mit einem Menschen zu tun, der in Sachen Zwischenmenschlichkeit etwas unterentwickelt ist. Dieser Typ will Aufmerksamkeit und ihm fällt nichts anderes ein, als schlecht über andere Menschen zu reden. Dieser Typ lästert über die Leute, mit denen er ein Hühnchen zu rupfen hat, weil er keine direkte Kritik äußern kann und weil er mit seinem Ärger nicht fertig wird. Dieser Typ will witzig sein und macht sich deshalb über andere Leute lustig. Das alles sind Zeichen für einen Entwicklungsrückstand. Man möchte diesem Typen zurufen: Werde erwachsen. Doch es ist nicht Ihr Job, diesen Typen zu verbessern oder ihn zu therapieren. Es reicht, wenn Sie sich nicht mehr in sein Verhaltensmuster verhaken. Wie das geht, erfahren Sie gleich.

Seien Sie ein Vorbild

Reden Sie in Gegenwart eines Lästermauls nicht schlecht über andere Menschen – egal, um wen es sich handelt. Schimpfen Sie auch nicht auf Politiker, Schauspieler, Sportler oder andere Leute, die Sie nicht persönlich kennen. Achten Sie außerdem darauf, dass Sie umgekehrt auch nicht hinter dem Rücken des Lästermauls über ihn tratschen.

Gehen Sie mit Ihrer Aufmerksamkeit sorgfältig um

Zeigen Sie dem Betreffenden mit Ihrem ganzen Verhalten, dass Sie mehr an ihm selbst interessiert sind als an den Geschichten, die er über andere Leute erzählt. Fragen Sie ihn, wie es ihm geht, was er erlebt hat, wie er sich fühlt, welche Pläne er hat. Lassen Sie diesen Typ Geschichten über sich selbst erzählen.

Ignorieren Sie die Lästereien

Fischen Sie sich das Gute heraus. Sie haben die freie Wahl, wozu Sie etwas sagen wollen. Sagen Sie deshalb besser nichts zu den Lästereien. Reden Sie mit dem Lästermaul nur über die Dinge, die sachlich und konstruktiv sind. Alles andere lassen Sie kommentarlos an sich vorbeiziehen.

Seien Sie vorsichtig mit pikanten Informationen

Seien Sie in Gesprächen nicht allzu freigiebig mit Informationen und Geschichten aus Ihrem Leben. Wenn Sie nicht wollen, dass eine bestimmte Information weiter getratscht wird, dann reden Sie nicht darüber. Geschichten mit dem Etikett »Erzähl das bloß nicht weiter« sind für das Lästermaul ein unwiderstehlicher Köder. Solche Infos wird dieser Typ kaum für sich behalten können.

Wie man den Spieß umdreht

Kommen wir zurück zu dem ausgedachten Beispiel. Stellen Sie sich vor, wir sitzen immer noch beieinander. Ich laufe zu Höchstform auf und verbreite noch mehr Tratsch und Klatsch über Herrn Meier. Allmählich werde ich für Sie ziemlich reizend. Am liebsten würden Sie sofort meine Lästereien stoppen. Aber wie schaffen Sie das, ohne mich anzugreifen? Ohne mich vor den Kopf zu stoßen?
Ich habe einen Vorschlag, der sich im Umgang mit lästernden Typen gut bewährt hat. Lenken Sie das Gespräch hin zum Lästermaul. Statt

Herrn Meier zu verteidigen oder statt mich zu kritisieren, stellen Sie mir ein paar einfache Fragen: »Sag mal Barbara, mir kommt da gerade ein Gedanke. Magst du Herrn Meier nicht? Hat der dir irgendwas getan?« Oder etwas zugespitzter gefragt: »Was soll ich mit diesen Infos über Herrn Meier anfangen? Weshalb hast du mir das erzählt?« Jetzt ist nicht mehr Herr Meier die Sensation, sondern jetzt geht es um mich. Dabei sind Sie mir gegenüber weder aggressiv noch herabsetzend. Tatsächlich können Sie mit solchen Fragen den Kontakt zu Ihrem Lästermaul sogar vertiefen. Wenn Sie Glück haben, geht der Betref-fende auf Ihre Fragen ein und zeigt Ihnen etwas von sich selbst, von seinen Konflikten, von seinem Gefühl, von seinen Absichten. Damit bekommt das Gespräch Tiefgang: weg von dem Sensationsgetratsche, hin zu dem, was dahinter steckt.

Wenn Sie Pech haben, bleibt Ihr Lästermaul oberflächlich und will nichts von sich selbst erzählen. Aber auch dann sind Ihre Fragen Gold wert. Sie zeigen damit, woran Sie wirklich Interesse haben. Sie interessieren sich nicht für Leute, die im Moment nicht da sind. Sie sind an dem Menschen interessiert, der tatsächlich vor Ihnen sitzt. Indem Sie diese Fragen stellen, stoppen Sie die aktuelle Lästerattacke.

Hilfe, manchmal bin ich auch ein Lästermaul

Gut, dass Sie das gemerkt haben. Erst wenn Ihnen das eigene Läs-tern überhaupt auffällt, können Sie aus der Nummer rauskommen. Die Kunst besteht darin, dieses Verhaltensmuster bei sich selbst rechtzeitig zu stoppen. Was Ihnen dabei hilft, sind Ihre Achtsam-keit und ein wenig Selbsterkenntnis. Ich habe ein paar gute Fragen für Sie, mit denen Sie Ihr Tratschverhalten untersuchen können.

Prüfen Sie Ihr Tratschverhalten

Achten Sie einmal darauf:

→ Wenn Sie über Leute reden, die nicht da sind, wie kommen diese Menschen dabei weg? Werden diejenigen von Ihnen vorwiegend negativ dargestellt?

→ Versuchen Sie witzig zu sein, indem Sie über die Peinlichkeiten anderer Leute reden?

→ Machen Sie Ihrem Ärger Luft, wenn Sie über Leute tratschen, die Sie doof finden?

→ Wollen Sie sich hervortun, weil Sie etwas wissen, was Ihre Gesprächspartner nicht wissen?

→ Oder möchten Sie Eindruck schinden, weil Sie die Geheimnisse anderer kennen?

→ Welche Gefühle löst der Gedanke bei Ihnen aus, dass andere Menschen auch negativ über Sie reden könnten?

Fragen Sie sich selbst im Stillen: Wie würden meine Gespräche aussehen, wenn ich das Tratschen und Lästern komplett einstellen würde?

Geben Sie sich selbst eine Blöße, statt andere zu entblößen

Machen Sie bei nächster Gelegenheit einen Praxistest. Plaudern Sie mit guten Freunden, mit Kollegen oder Verwandten, und sagen Sie währenddessen nichts Negatives über andere Leute. Wenn Sie sich beispielsweise über jemanden geärgert haben, bleiben Sie bei sich. Erzählen Sie ganz sachlich, was passiert ist, und reden Sie hauptsächlich darüber, wie Sie mit der Sache fertig geworden sind. Tratschen Sie nicht über die Leute, die auch daran beteiligt waren. Zeigen Sie Ihren Mitmenschen, dass Sie integer sind.

Was Sie vom Lästermaul lernen können

Gibt es überhaupt irgendeine Scheibe, die wir uns von diesem Tratsch-Typen abschneiden können? Tatsächlich gibt es auch in diesem Fall eine Kernkompetenz, die wir im Alltag brauchen. Lassen Sie uns das Lästern von oben betrachten.

Was ist das Lästern überhaupt? Im Grunde ist es eine Form der Nachrichtenübermittlung. Wer tratscht, gibt Informationen (und Vermutungen) über andere Leute weiter. Seit es Menschen gibt, gibt es auch die menschliche Neugier zu erfahren, was anderen Leuten passiert ist. Und es gab immer auch Informanten, die diese Neugier befriedigt haben. Nehmen wir das Verleumden und die Herabsetzungen aus der Lästerei heraus. Was bleibt, ist der Informationsaustausch über andere Menschen, und schon wird daraus das, was wir heute Netzwerken nennen.

Netzwerken heißt ganz praktisch, dass Klaus mir erzählt, er hätte von Bettina gehört, dass dort, wo sie arbeitet, eine Stelle frei wird. Dieses Weitersagen hilft mir bei meiner Jobsuche.

Noch ein Beispiel: Bettina erzählt mir bei einem Treffen: »Hast schon gehört, Martin und seine Freundin wollen sich zusammen eine Wohnung kaufen.« »Nein, wusste ich noch nicht. Aber bei mir nebenan sollen Eigentumswohnungen gebaut werden. Wäre doch toll, wenn die beiden in der Nähe wohnen würden. Ich muss Martin mal anrufen.« »Ja, mach das. Der freut sich sicherlich. Grüß ihn von mir.«

Diese Art über andere Leute zu reden ist nicht herabsetzend, sondern hilfreich. Es verbindet Menschen miteinander.

In unseren persönlichen Netzwerken gibt es sehr aktive Leute, die eine zentrale Rolle spielen. Das sind diejenigen, die Hans und Franz kennen, die viel von anderen hören, die sich alles merken können und die Infos weitergeben. Jede größere Firma, jede Behörde braucht solche Netzwerker. Denn die sorgen dafür, dass Kollegen voneinander wissen, jenseits der engen Grenzen von Abteilungen und Projekten. Das wäre der beste Job für ein Lästermaul, das sich von der dunklen Seite der Macht abgewendet hat. Ohne das ganze Schlechtmachen ist der Tratsch-Typ ein hervorragender Netzwerker.

INFO

Tipps für ein entspanntes Netzwerken

→ Nutzen Sie das Schwätzchen während der Kaffeepause oder den Smalltalk in der Kantine, um sich mit Ihren Leuten zu vernetzen.

→ Pflegen Sie das eifrige Zuhören. Fragen Sie die anderen, womit sie gerade beschäftigt sind.

→ Geben Sie Informationen über sich preis. Erzählen Sie von Ihren Ideen und Projekten.

→ Gehen Sie ganz bewusst öfter mit den Leuten Mittagessen, mit denen Sie wenig zu tun haben.

→ Helfen Sie den Menschen, sich untereinander kennenzulernen.

Die beleidigte Leberwurst

Beleidigte Leberwürste fühlen sich schnell persönlich getroffen. Da macht jemand eine undiplomatische Bemerkung über ihre neue Frisur, ihr liebevoll gekochtes Essen wird mit Ketchup überschüttet, jemand hat das falsche Geschenk mitgebracht – und schon ist es passiert! Dieser Typ ist zutiefst gekränkt. Denn die Beleidigten toben und wüten nicht herum. Sie ziehen sich eingeschnappt zurück – und das sieht man ihnen auch an.

Körpersprache und Verhalten

Die Körpersprache der beleidigten Leberwurst besteht vor allem aus dem Dichtmachen. Die Arme werden verschränkt, die Beine werden übereinander geschlagen. Nichts mehr sagen, nur mürrisch dreinschauen. Die Lippen schmollen. Die Nase wird manchmal verächtlich gerümpft. Oder der Typ verlässt den Raum – oft auch mit Hilfe einer zugeknallten Tür. Er zeigt, dass ihm etwas nicht passt, aber er gibt seiner Umwelt keine weiteren Informationen darüber. Alle bleiben im Unklaren.

Was reizt an der beleidigten Leberwurst so?

Hand aufs Herz, wer von uns legt schon jedes seiner Worte ständig auf die Goldwaage? Das tun wir im Alltag nicht. Wir plappern meistens so, wie uns der Schnabel gewachsen ist. Die beleidigte Leberwurst dagegen hört diese unüberlegten Worte, und nimmt es jetzt sehr genau. Die Bemerkung war eigentlich nicht böse gemeint, aber es kam bei ihr so an. Denn sie legt jedes Wort auf die Waagschale. Wenn die Leberwurst erst beleidigt ist, dann bricht sie die Kommunikation ab. Sie schnappt ein, geht weg, verkriecht sich im Badezimmer, ruft nicht mehr an. Mit ihrem trotzigen Schweigen signalisiert sie: Du hast mich verletzt, und das nehme ich dir richtig übel.

Eine falsche Bemerkung – schon ist dicke Luft

Tatjana und ihre Freundin Meike fahren zu einer Grillparty an den Stadtrand. Meike sitzt am Steuer. Tatjana fragt: »Sag mal, Meike, hast du das Navi richtig eingestellt?« Meike antwortet schon mit leicht gereiztem Unterton: »Ja, gerade eben. Hast du doch gesehen.« Tatjana schüttelt den Kopf: »Guck mal, wo uns das Navi hinführt. Das ist ja die völlig falsche Richtung!« Innerhalb einer halben Sekunde versteinert sich das Gesicht von Meike. Völlig genervt blafft sie zurück: »Dann mach das doch selbst!« Tatjana sagt noch was, aber Meike antwortet ihr nicht. Sie schweigt und fährt das Auto.
Beide kommen an und begrüßen die Freunde, die schon um den Grill herumsitzen. An diesem Abend geht Meike ihrer Freundin Tatjana aus dem Weg. Tatjana merkt das, aber hat keine Ahnung, weshalb Meike jetzt so eingeschnappt ist. Doch nicht wegen dieser Sache

mit dem Navi. Das kann doch nicht sein, dass jemand deshalb belei-digt ist. Tatjana bemüht sich um Meike, will mit ihr ins Gespräch kommen. Meike antwortet immer nur einsilbig. Tatjana hängt am Haken der beleidigten Leberwurst. Sie fühlt sich mies, hat keinen Spaß bei der Grillparty. Auch die übrigen Freunde merken es deut-lich: Zwischen beiden herrscht dicke Luft.

Mehr Verständnis für die beleidigte Leberwurst

Wer beleidigt ist und einschnappt, tut das nicht freiwillig. Es ist ein automatisches Verhaltensmuster. Beleidigtsein ist eines dieser Ver-haltensmuster, mit denen wir uns gegen weitere Verletzungen weh-ren. Dabei ist das Beleidigtsein eine milde Form von Erpressung mit Schuldgefühlen. Der Beleidigte zeigt mit seinem einge-schnappten Verhalten: Du hast mich verletzt. Deshalb bist du jetzt schuld daran, dass ich nicht mehr mit dir rede. Der Betreffende zieht sich schmollend zurück und geht damit einer Auseinander-setzung aus dem Weg. Allerdings ist es für den Eingeschnappten schwer, dieses Muster abzuschalten und aus seinem Schnecken-haus wieder herauszukommen.

Dabei merkt der Eingeschnappte sehr wohl, dass er sich ins eigene Fleisch schneidet. Wer sich beleidigt zurückzieht, kann seine Inter-essen nicht mehr direkt durchsetzen. Obwohl es etwas Störendes gibt, kann sich die beleidigte Leberwurst nicht angemessen aus-drücken und die Störung abstellen. Sie kann sich nicht selbstsicher behaupten, weil sie den Kontakt abgebrochen hat. So bekommt sie nicht das, was sie wirklich will. Damit hat sich die beleidigte Le-berwurst selbst schachmatt gesetzt.

Tun Sie das nicht

Verurteilen Sie die beleidigte Leberwurst nicht. Denken Sie daran: Sie haben es mit einem automatischen Muster zu tun. Zerren Sie nicht an der beleidigten Leberwurst herum. Sie können jemanden, der ein-geschnappt ist, nicht von außen auf-schnappen oder für sich öffnen. Die Tür geht nur von innen auf.

Betteln Sie nicht um Kontakt. Damit würden Sie sich nur selbst herabsetzen. Versuchen Sie auch nicht, einen heftigen Streit aus-zulösen, um das Schweigen zu brechen. Lassen Sie die beleidigte Leberwurst beleidigt sein. Dieser Mensch braucht vor allem Zeit. Zeit, um wieder aus dem Schneckenhaus herauszukommen.

Mit der beleidigten Leberwurst gut auskommen

Sie wissen bereits, dass es keinen Zweck hat, diesen schwierigen Typ irgendwie ändern zu wollen. Er muss es selbst wollen. Sie dagegen würden sich mit solchen Änderungsversuchen noch mehr in das Verhaltensmuster des Einschnappens verwickeln.

Aber im konkreten Umgang mit der beleidigten Leberwurst können Sie einiges tun, um den Kontakt zu verbessern. Folgende Anregungen erleichtern Ihnen die Situation:

Achten Sie auf sich

Hören Sie auf, sich ständig auf die beleidigte Leberwurst zu konzentrieren. Achten Sie stattdessen darauf, was das Einschnappen bei Ihnen auslöst:

→ Wie fühlen Sie sich, während der andere beleidigt ist?

→ Ärgern Sie sich über den Eingeschnappten?

→ Sind Sie ratlos? Unsicher? Verwirrt?

Seien Sie aufmerksam dafür, wie es Ihnen geht. Und dann lassen Sie alle Empfindungen einfach zu. Wehren Sie sich nicht gegen Ihre Gefühle. Egal was es ist: Sie dürfen sich so fühlen. Doch geben Sie niemandem Schuld daran, wie Sie sich fühlen.

Seien Sie gesprächsbereit

Während die beleidigte Leberwurst noch eingeschnappt ist, können Sie in den Alltagsmodus gehen. Tun Sie, was Sie zu tun haben, aber seien Sie ansprechbar. Wenn die beleidigte Leberwurst von sich aus auf normal schaltet, kann sie mit Ihnen reden.

Bringen Sie Klarheit in die Sache

Da ist irgendetwas in der Kommunikation schief gelaufen. Reden Sie mit dem Eingeschnappten, damit die Sache aufgeklärt wird. Fragen Sie Ihren Eingeschnappten: »Was hat dazu geführt, dass du dich zurückgezogen hast?« Hören Sie genau zu, was Ihr Gegenüber Ihnen jetzt erzählt. Es gab einen Auslöser, der dazu geführt hat, dass Ihr Gegenüber sich zurückgezogen hat. Suchen Sie nach den Worten und Gesten, die Ihr beleidigter Typ vielleicht in den falschen Hals bekommen hat.

Sprechen Sie über Ihren Zustand

Sagen Sie Ihrer beleidigten Leberwurst, wie es Ihnen geht, wenn sie beleidigt ist. Klingt erstaunlich, aber oft wissen die beleidigten Leberwürste nicht, wie ihr Einschnappen bei ihren Mitmenschen ankommt. Machen Sie deshalb deutlich, wie Ihnen dabei zumute ist. Tun Sie das behutsam, ohne Angriffe, ohne Schuldzuweisung.

Von der Kunst, über eine Kränkung zu reden

Tatjana hat mit Meike geredet. Aber das ging erst am nächsten Tag. Da war Meike wieder normal ansprechbar. Tatjana hat ihr erklärt, dass sie mit diesem beleidigten Dichtmachen nicht klar kommt und nicht weiß, wie sie damit umgehen soll.

Meike hat das zunächst abgewehrt. Sie würde nicht dicht machen. Es sei doch wohl erlaubt, mal eine Zeit lang nichts zu sagen. Darüber wollte sich Tatjana nicht streiten. Sie fragte Meike, weshalb sie auf der Grillparty so schweigsam war und ob das etwas mit der Navi-Sache im Auto zu tun hätte.

Da hat Meike ausgepackt und zwar in einem sehr aufgebrachten Tonfall: »Ich kann es auf den Tod nicht ab, wenn du mir unterstellst, ich könnte das Navi nicht richtig einstellen. Ich fahr dich hin zur Grillparty, und ich fahr dich auch wieder zurück, und dann muss ich mir noch sowas anhören.«

Tatjana war schlau genug, um jetzt keine Diskussion darüber loszutreten, wer jetzt genau was gesagt hat. Das hätte nichts gebracht. Tatjana merkte, bei dieser Navi-Sache hatte sie einen wunden Punkt bei Meike berührt, sonst würde die nicht so hochgehen. Tatjana bemühte sich, die Sache klarzustellen: »Also, das mit dem Navi, das hab ich nicht so gemeint. Entschuldigung. Ich bin froh, dass du mich im Auto mitgenommen hast.«

Meike nickte und wirkte ein wenig vertrauensvoller. Tatjana nutzte die Gunst der Stunde und fragte Meike: »Bitte Meike, kannst du mir nicht gleich ein Zeichen geben, wenn ich mal was sage, was dich stört, ohne stundenlang zu schmollen? Dann gehts uns beiden doch hinterher besser.« Meike verzog skeptisch den Mund. »Ich werds versuchen. Aber irgendwie ist das nicht so einfach.«

Okay, das war noch kein Happy End. Aber es war ein Anfang.

Hilfe, manchmal bin ich auch eine beleidigte Leberwurst

Da können wir uns die Hände reichen. Ich habe das Beleidigtsein auch jahrelang trainiert. Als junges Mädchen konnte ich hervorragend einschnappen, mich zurückziehen und die Welt mit Schweigen bestrafen. Ich weiß nicht, wo diese Ausdauer heute geblieben ist. Je älter ich wurde, desto mehr verlor ich mein Beleidigtsein. Aber die Grundlagen beherrsche ich immer noch. Auch heute kann ich noch einschnappen, wenn es unbedingt sein muss. Tagelang beleidigt sein? Nein, das dauert bei mir nicht mehr so lange. Irgendwann vor vielen Jahren habe ich gemerkt, dass sich hinter meinem Beleidigtsein purer Ärger verbirgt. In diesem Ärger wiederum steckt einfach nur Lebenskraft. Das ist die Kraft, durch die wir die Dinge ändern können. Beleidigtsein heißt eigentlich: Die Kraft, um etwas zu verändern, ist schon da. Ich habe ein paar praktische Tipps, mit denen Sie sich selbst helfen können.

Studieren Sie das Einschnappen

Immer, wenn Sie beleidigt sind, können Sie sich besser kennenlernen. Erforschen Sie Ihre persönliche Einschnapp-Automatik mit Hilfe dieser Fragen:

→ Bei welchen Bemerkungen ziehen Sie sich zurück?
→ Gibt es Gesten und Handlungen, bei denen Sie einschnappen?
→ Was würden Sie am liebsten zu Ihren Gegenüber sagen, wenn Sie sich nicht zurückziehen würden?
→ Wie fühlen Sie sich, kurz bevor Sie beleidigt sind?
→ Was denken über sich selbst in solchen Momenten?

Ihre Antworten zeigen Ihnen, wo Sie Ihre wunden Punkte haben.

Lernen Sie Ihre wunden Punkte kennen

Keine Sorge, jeder von uns hat solche wunden Punkte in seiner Seele. Wenn jemand bei uns diese wunden Punkte berührt, gehen wir automatisch in unser gelerntes Verhaltensmuster. Es ist wichtig, dass Sie Ihre wunden Punkte unter Ihre Fittiche nehmen. Diese Empfindlichkeiten sind wie echte Wunden. Ebenso wie eine körperliche Wunde brauchen auch diese inneren Verletzungen einen guten Schutz, um heilen zu können. Es ist Ihr Job, sich aktiv um Ihre wunden Punkte zu kümmern.

So schützen Sie Ihre wunden Punkte

Erklären Sie Ihren Leuten, was Sie so verletzt, was Sie nicht mögen, worauf Sie empfindlich reagieren. Es ist ein Zeichen von Selbstsicherheit und Selbst-Bewusstheit, wenn Sie Ihre wunden Punkte klar benennen. Sie zeigen damit, dass Sie diese »Schwäche« bei sich selbst akzeptiert haben. Ob Ihre Mitmenschen die auch akzeptieren, liegt nicht in Ihrer Hand. Das ist allein deren Sache. Sie sind nur dafür zuständig, das zu sagen, was für Sie wichtig ist, und um Rücksicht zu bitten.

Gönnen Sie sich den Rückzug

Wenn trotzdem etwas schief läuft? Das kann passieren. Es lässt sich nicht total vermeiden, dass andere Menschen uns verletzen. Wenn Sie einmal wieder so richtig einschnappen, dann gönnen Sie sich ganz bewusst diesen beleidigten Rückzug. Dort sammeln Sie sich und holen tief Luft.

Kommen Sie wieder raus, und nutzen Sie Ihre Lebenskraft, die sich hinter dem Beleidigtsein verbirgt. Ändern Sie, was Sie ändern können. Reden Sie über das, was Sie geärgert hat.

Beleidigt sein heißt nur, dass Sie sich kurz ausruhen, bevor Sie die Ärmel hochkrempeln und loslegen.

Was Sie von der beleidigten Leberwurst lernen können

Die beleidigte Leberwurst hat eine Gabe, die manchen Menschen sehr gut tun würde. Die beleidigte Leberwurst kann sich zurückziehen und den Mund halten. Dieses Schweigen und Weggehen ist eine hervorragende Kernkompetenz, vor allem für diejenigen unter uns, die sehr impulsiv sind.

Solche impulsiven Typen können sich nur schwer bremsen. Wenn man sie auf dem falschen Fuß erwischt, platzt es sofort aus ihnen heraus. Ein schräger Blick, eine unsachliche Bemerkung reichen, und schon wird zurückgeschlagen – mit Worten, mit Wutanfällen, mit Drohungen, mit viel Drama. Wer impulsiv ist, verliert schnell die Nerven und tut Dinge, die er später bereut. Viele impulsive Menschen wünschen sich im Nachhinein, sie hätten sich zurückgehalten. Wer bisher immer schnell in eine Angriffshaltung ging, kann sich von der beleidigten Leberwurst eine wichtige Scheibe abschneiden: Rückzug und Schweigen als erste Reaktion. Nicht gleich hochgehen, sondern zuerst innehalten und nachdenken. Da stört uns etwas, aber wir müssen nicht gleich losschimpfen. Stattdessen ziehen wir uns zurück und besinnen uns. Eine Reaktion gibt es erst, wenn wir wieder klar im Kopf sind. Nach der Bedenkzeit können wir intelligent antworten.

Der Antriebslose

Der Volksmund nennt diese Leute manchmal auch stinkfaul. Und damit können sie sehr reizend sein. Der Antriebslose wirkt unmotiviert, hat null Bock. Wir sehen einen Menschen, der kaum von der Couch hochkommt und auch gern mal im Job durchhängt. Jemanden, der sich drückt, wenn es um Arbeit und Verantwortung geht. Das heißt nicht, dass der Antriebslose keinen Finger rührt. Wenn wir genau hinschauen, können wir doch Aktivitäten erkennen. Dabei geht es vorwiegend um Selbsterhaltung und um Zerstreuung. Essen, verdauen, schlafen und etwas angucken. Damit vermeiden die Antriebslosen, das zu tun, was eigentlich wichtig für sie wäre. Viele sitzen gern vor irgendeinem Bildschirm und lassen sich dort unterhalten. Fernsehen, Internet, Computerspiele sind oft ihre stärksten Verbündeten.

Viele Antriebslose kennen sich sehr gut im Unterhaltungs-, Spiele- und Spaßangebot aus. Sie können durchaus Leidenschaft für diesen Sektor entwickeln. Sie verfolgen dort ihre Ziele. Sie suchen und finden spezielle Filme und Fernsehserien. Und sie können auch bei komplexen Computerspielen beachtliche Erfolge vorweisen. Aber vor dem wirklichen Leben, außerhalb der Bildschirme, ziehen sie sich zurück.

INFO

Mit einer Depression zum Fachmann

Um einem Missverständnis vorzubeugen: Es gibt Menschen, die antriebslos wirken, weil sie in einer Depression gefangen sind. Auch diese Menschen tun wenig oder überhaupt nichts mehr. Wer unter einer Depression leidet, braucht ärztliche und psychotherapeutische Hilfe. In diesem Buch geht es nicht um diese psychische Erkrankung.

Körpersprache und Verhalten

Es gibt den antriebslosen Typ in zwei Varianten: Einmal den Typ, dem Sie die Antriebslosigkeit nicht ansehen. Er wirkt unauffällig, ganz normal. Er gibt sich aufgeräumt und aktiv. Damit kann er beispielsweise bei einem Date oder in einem Bewerbungsgespräch sehr überzeugend sein. Seine Antriebslosigkeit zeigt sich erst im näheren Kontakt, also wenn Sie bereits eine Beziehung mit ihm eingegangen sind oder wenn er Ihr Kollege geworden ist. Erst wenn es um das konkrete Tun geht, wird deutlich, aus welchem lahmen Holz dieser Typ geschnitzt ist.

Die zweite Variante des antriebslosen Typs trägt ihre innere Verfassung sichtbar mit sich herum. Die Körperhaltung wirkt schlaff. Der Gang ist oft schlurfend. Die Schultern hängen, der ganze Körper sieht aus, als würde die Schwerkraft ihn runterziehen. Im Gesicht zeigt sich Freudlosigkeit, oft auch ein Ausdruck von Langeweile. Der Antriebslose strahlt kaum Energie aus.

Was reizt am Antriebslosen so?

Antriebslose haben oft Unterstützer. Der Unterstützer ist der Aktive. Er kümmert sich um das, was erledigt werden muss, um den Alltagskram. Der Antriebslose verlässt sich auf seinen aktiven Helfer. Der Aktive merkt irgendwann, wie der Hase läuft. Er merkt, wie einseitig die Sache ist. Während er immer mehr tut, wird der Antriebslose immer passiver.

Der Antriebslose bewirtet sich gern mit Essen, Zerstreuung und allerlei Zeitvertreib. Insofern hat er immer etwas zu tun. Allerdings geht es dabei nur um den Konsum. Genau das reizt den Aktiven bis zum Anschlag. Viele Antriebslose wirken anziehend auf Helfer-Typen. Dabei finden zwei Menschen zueinander, deren Verhaltensmuster sich gegenseitig verstärken. Der Helfer tut viel für den Antriebslosen, während der Antriebslose dadurch immer mehr Verantwortung abgibt.

Von sich aus tut er keinen Handschlag

Die Beziehung zwischen Gabi und Lucas verschlechterte sich erst, als Lucas seinen Job verlor. Bis dahin war alles in Ordnung. Beide hatten eine vierjähre Tochter, deshalb ging Gabi nur halbtags arbeiten. Lucas hatte einen guten Job in einer Firma für Maschinenbau. Als dort der Umsatz zurückging, kam es zu Kündigungen. Lucas war noch jung. Er hoffte darauf, dass er mit seinen Qualifikationen in der Branche schnell einen neuen Job finden würde. Aber das klappte leider nicht wie gedacht.

Lucas war Tag für Tag zu Hause. Damit das Geld reichte, fing Gabi an, ganztags zu arbeiten. Bis zum Nachmittag blieb ihre kleine Tochter im Kindergarten. Lucas brachte sie morgens hin und holte sie auch wieder ab. Das war aber auch schon so ziemlich alles, was er regelmäßig für das Familienleben tat. Ansonsten verbrachte Lucas die meiste Zeit vor dem Fernseher oder dem Computer. Im Haushalt tat er keinen Handschlag.

Gabi kümmerte sich ums Geldverdienen, um den Haushalt, um die Kleine und um den ganzen Rest. Sie sah, wie ihr Mann zunehmend verwahrloste. Er trug ständig dieselben Wohlfühlklamotten, seine uralten Jeans und einen schlabberigen Pullover. Gabi drängte ihn dazu, sich auf freie Stellen zu bewerben oder sich um eine Weiterbildung zu kümmern. Und wenn er schon zu Hause war, könne er wenigstens die Lampe im Flur reparieren oder den Keller entrümpeln.

Lucas war genervt, weil Gabi ihm ständig Druck machte. Erst nachdem Gabi zum zehnten Mal auf ihn eingeredet hatte, reparierte er die Lampe im Flur. Aber das war für ihn bereits die Aktion der Woche. Als sie ihn dann noch nach seinen Bewerbungsschreiben fragte, wurde er wütend: »Was soll ich denn noch alles tun? Ich bring die Kleine in den Kindergarten, ich hab die Lampe repariert, aber du nörgelst immer noch an mir herum. Du bist nie zufrieden. Lass mich endlich in Ruhe!« Und schon saß er wieder vor dem Computer, vertieft in irgendein Online-Spiel.

Gabi konnte es kaum noch mitansehen, wie ihr Mann immer gleichgültiger wurde. Er schien sich für nichts anderes mehr zu interessieren außer für das, was er auf einem Bildschirm sah. Gabi merkte, dass die Verantwortung fürs Einkommen und für die gesamte Familie allein auf ihren Schultern ruhte. Sie fühlte sich von Lucas im Stich gelassen. Er unterstützte sie nicht mehr. Früher war er jemand, der fraglos zupackte, auf den sie sich verlassen konnte. Jetzt war er ein Problemfall geworden. Jemand, um den sie sich Sorgen machte. Gabi versuchte, ihn aus seiner Lethargie herauszuholen. Ohne Erfolg.

Mehr Verständnis für den Antriebslosen

Antriebslose Typen weichen vor allem einer Sache aus: dem Unbehagen. Sie weichen dem aus, was unangenehm werden könnte. Das tun sie, indem sie sich in Belanglosigkeiten verlieren.

Normalerweise nehmen wir Unbehagen in Kauf. Jedenfalls bis zu einem gewissen Grad. Es ist unbehaglich, sich irgendwo zu bewerben. Aber das gehört im Arbeitsleben dazu. Eine Bewerbung zu schreiben, kostet Zeit und Mühe. Ein Bewerbungsgespräch ist aufregend und stressig. Wir ertragen dieses Unbehagen, weil wir einen Job haben wollen. Antriebslose Menschen können mit Aufregung, aber auch mit Beurteilungen und Kritik nicht angemessen umgehen. Wenn es für sie unangenehm werden könnte, weichen sie bereits vorbeugend aus. Sie meiden solche Situationen von vornherein. Arbeiten kann unbehaglich sein. Sich selbst zu behaupten fühlt sich auch nicht immer gut an. Wenn man irgendetwas Wichtiges anpackt, kann das auch schief gehen. Damit droht Versagen. Der Antriebslose weicht diesem miesen Gefühl aus. Er flüchtet sich in die Bequemlichkeit. Dorthin, wo es behaglich ist. Und so wird diese Bequemlichkeit zur Hauptattraktion. Das kann eine Fernsehserie sein, die neue Version des Computerspiels, die DVD mit dem Kinoblockbuster, die Pizza und viele andere Leckereien, die man sich bequem reinziehen kann.

Belanglosigkeiten lenken ab, man hat **Zerstreuung.** Aber vor allem sind sie angenehm. **Kein Unbehagen.**

Das Vermeiden von Unbehagen ist ein Verhaltensmuster, das den Antriebslosen letztlich nicht befriedigt, ihn aber einlullt. Er hat es warm, es ist trocken, und es gibt genug Zerstreuung – deshalb gibt es auch keinen Grund, um aufzustehen und sich dem Unbehagen zu stellen.

Tun Sie das nicht

Jeder Antriebslose wird sofort zu Ihrem besten Freund, wenn Sie ihm das Unbehagen abnehmen und seine Versorgung übernehmen. Aber wenn Sie das tun, hängen Sie am Haken. Sie haben sich in das Verhaltensmuster verwickelt.

Es ist manchmal sehr verführerisch: Das, wovor sich der Antriebslose drückt, können Sie hinbekommen. Und zwar locker. Dafür wäre Ihnen der Antriebslose wirklich dankbar. Also liegt es nahe, dass Sie Ihre Stärke zeigen und das tun, was der Antriebslose nicht schafft. Damit hat er einen Versorger gefunden.

Was auch nicht funktioniert, ist das Drücken und Zerren am Antrieblosen. Ihm eine Gardinenpredigt halten, ihm Vorwürfe machen, jammern und klagen, warnen und drohen – das ist für ihn alles nur heißer Dampf. All dieses Gerede ist so, als wollten Sie einen tonnenschweren Mehlsack bequatschen, damit der hochkommt und losläuft.

Sie glauben, Ihre Motivation würde auf den Antrieblosen übergehen? Sie denken, Sie könnten den Betreffenden mit Ihrer zupackenden Energie irgendwie anstecken oder ihn bekehren? Nein, Sie haben die Rechnung ohne die Bequemlichkeit gemacht. Alles, wozu Sie den Antriebslosen motivieren wollen, ist aus Sicht des Betroffenen nur: mehr Unbehagen.

Mit dem Antriebslosen gut auskommen

Das Wichtigste für einen Antriebslosen ist es, seinen eigenen Willen wiederzufinden. Sie können nicht bestimmen, welchen Willen dieser Mensch haben sollte und wie er sich dafür einsetzen müsste. Auch beim Antriebslosen muss der Impuls von innen kommen. Für Sie wird es leichter, wenn Sie aufhören, sich in das antriebslose Verhaltensmuster zu verwickeln. Dazu ein paar Tipps, die Ihnen dabei helfen.

Erkennen, wo Sie am Haken zappeln

Mit den folgenden Fragen können Sie sich bewusst machen, inwieweit Sie sich in das Verhaltensmuster verwickelt haben:

→ Wollen Sie den Antriebslosen am liebsten aktivieren, ihn aus dem Sessel schubsen?

→ Nervt Sie seine Passivität? Ärgern Sie sich über seine Trägheit?

→ Sind Sie das mahnende Gewissen für den Antriebslosen?

→ Tun Sie etwas für den Betreffenden, das er ebenso gut selbst tun könnte?

Wenn ja, dann ist es Ihr Job, davon loszukommen. Erst dann können Sie dem Antriebslosen ein anderes Angebot machen. Machen Sie sich bewusst, was passiert ist. Es ist gut möglich, dass Sie sich mit Ihrem aktiven Verhaltensmuster in das passive Verhalten des Antriebslosen verhakt haben. Erkennen Sie, wie diese beiden Muster sich gegenseitig stützen und ergänzen? Wenn Sie Ihr Verhalten ändern, hat der Antriebslose die Chance, aus seinem Verhaltensmuster rauszukommen. Ihr neues Angebot verändert den Kontakt und damit Ihre Beziehung zum Antriebslosen.

SCHWIERIGE TYPEN: DER ANTRIEBSLOSE | 2

Kündigen Sie Ihren Aufsichtsposten

Nachdem Sie herausgefunden haben, wie Sie sich in das Muster verwickelt haben, ist es Zeit, eine neue Seite aufzuschlagen. Kommen Sie runter vom Haken. Lassen Sie nicht mehr zu, dass der Antriebslose sein bequemes Leben auf Ihre Kosten führt. Hören Sie auch auf, diesen Menschen anzutreiben oder ihn zu motivieren. Führen Sie darüber mit dem Antriebslosen ein Gespräch. Ganz wichtig: Reden Sie mit ihm ohne Vorwurf, ohne Aggression, ohne Schuldzuweisung.

Entschuldigen Sie sich

Falls Sie in letzter Zeit ziemlich sauer auf den Antriebslosen waren, wäre jetzt eine Entschuldigung fällig. Sie haben sich in das Verhaltensmuster verwickelt. Sie haben ihn in der Vergangenheit bedrängt und auch Entscheidungen für ihn getroffen. Jetzt haben Sie gemerkt, dass Sie ihm damit keinen Gefallen getan haben. Bitten Sie den Betreffenden um Verzeihung für Ihr Verhalten. Tun Sie das aufrichtig und mit Überzeugung.

Respektieren Sie den Antriebslosen.

Erklären Sie, was Sie nicht mehr tun wollen

Erklären Sie Ihren Antriebslosen, was in Ihnen vorgeht. Wie fühlen Sie sich, wenn er nur vor dem Bildschirm sitzt oder bei wichtigen Dingen nicht aktiv wird? Ihr Gegenüber muss wissen, was mit Ihnen los ist. Sprechen Sie darüber, wie es Ihnen geht – ohne emotionale Erpressung. Anschließend erklären Sie deutlich, wo Sie eine Grenze setzen und was Sie in Zukunft nicht mehr tun werden. Sie übernehmen nicht mehr das, was der Betreffende auch gut tun könnte. Sie holen seinen Karren nicht mehr aus dem Dreck. Dafür ist der Antriebslose ab jetzt selbst verantwortlich.

Bieten Sie dem Antrieblosen Ihren Beistand an

Seien Sie bereit, ihm zur Seite zu stehen. Unterstützen Sie seine Bemühungen, aber zuerst muss der Antriebslose selbst hochkommen. Der Antriebslose ergreift die Initiative und kann Sie um Hilfe bitten. Aber er führt die Regie. (Und Sie dürfen natürlich auch Nein sagen.)

Nur unter diesen Bedingungen helfen Sie, wenn Sie es für richtig halten. Vielleicht assistieren Sie beim Ausfüllen eines Antrags, beim Schreiben einer Bewerbung, bei der Auswahl einer Weiterbildung, beim Aussortieren der Altkleider, beim Kauf eines neuen Anzugs. Aber entscheidend ist nicht Ihr Wille. Entscheidend ist, was der Betreffende selbst will.

Da hat es Klick gemacht

Bei Gabi und Lucas wendet sich das Blatt, als ihre kleine Tochter krank wird. Eines Tages bekam die Kleine hohes Fieber infolge einer Erkältung. Lucas saß Tag und Nacht bei seiner Tochter und pflegte sie. Gabi konnte weiterhin zur Arbeit gehen. Sie merkte, wie aufopferungsvoll Lucas für seine Tochter da war. Als die Kleine für zwei Tage ins Krankenhaus kam, wich er keine Minute von ihrer Seite. Gabi war erstaunt, dass er plötzlich auf alles verzichten konnte. Für ihn gab es jetzt kein Fernsehen, keinen Computer; er aß kaum etwas.

Als es der Kleinen besser ging, sprach Gabi mit Lucas. Sie sagte ihm, wie sehr sie bewunderte, dass er die Kleine so selbstlos und unermüdlich gepflegt hatte. Sie war ihm sehr dankbar. Dankbar, weil er so ein guter Vater war und weil sie sich in dieser Hinsicht total auf ihn verlassen konnte. Seit langer Zeit waren das die ersten anerkennenden Worte, die Lucas von seiner Frau zu hören bekam.

Gabi sagte mir später, es hätte an dieser Stelle bei ihm Klick gemacht. Er fing wieder an, nach einem Job zu suchen. Lucas hatte etwas Wichtiges gemerkt: Er hatte eine Familie, die auf ihn angewiesen war. Eine Tochter, die seine Hilfe brauchte.

Lukas schrieb viele Bewerbungen, er kassierte viele Absagen. Nach einem langen Bewerbungsmarathon klappte es endlich. Lucas fand einen neuen Arbeitsplatz. Oder wie Gabi es ausdrückte: Er hat die Kurve gekriegt.

Hilfe, manchmal bin ich auch ein Antriebsloser

Wenn Sie antriebslos sind, befinden Sie sich in bester Gesellschaft. Wir alle sind hin und wieder träge und kriegen wichtige Sachen nicht auf die Reihe. Wir haben einfach keine Lust. Deshalb kommen gut erprobte Tipps, die Ihnen da raushelfen.

Folgen Sie dem, was Sie sich von Herzen wünschen

Antriebslosigkeit kann auch ein Warnsignal sein. Es zeigt Ihnen, dass Sie sich zu viele Pflichten auferlegt haben und sich zu wenig mit dem beschäftigen, was Sie wirklich interessiert. Überprüfen Sie:

→ Wie groß ist Ihr Berg von Müssen und Sollen?

→ Haben Sie sich zu viele Verpflichtungen aufgeladen?

→ Fehlt Ihnen Zeit für die Dinge, die Ihnen wichtig sind?

→ Welche Aktivitäten würden Ihr Leben langfristig verbessern?

→ Und was interessiert Sie im Moment wirklich?

→ Womit würden Sie sich beschäftigen, wenn Sie keine Verpflichtungen hätten?

Die Antworten auf die letzten Fragen könnten etwas sein, das Sie wirklich motiviert. Kümmern Sie sich mehr um das, was Sie von Herzen und wirklich gern tun wollen.

Unternehmen Sie etwas, um das zu erreichen, was Sie für wertvoll halten. Und stellen Sie sich dabei dem Unbehagen. Ja, manchmal wird es stressig oder frustrierend sein.

Organisieren Sie sich jeden Tag kleine Erfolge, und gehen Sie dabei schrittweise auf das zu, was Sie sich von Herzen wünschen. Das, was für Sie wertvoll ist, wartet auf Sie.

INFO

Erlauben Sie sich, passiv zu sein

So wie zum Einatmen auch das Ausatmen gehört, so gehört zum Tun auch das Nichtstun. Wer immer nur funktioniert, braucht auf der Rückseite auch das Nichtfunktionieren. Erlauben Sie sich, auch einmal nichts zu tun und nicht zu funktionieren. Die Antriebslosigkeit besucht Sie manchmal, und sie geht auch wieder. Sie geht schneller, wenn Sie keinen Widerstand leisten. Je mehr Sie sich dagegen sperren, desto hartnäckiger bleibt sie sitzen. Also, gönnen Sie sich eine Auszeit auf dem Sofa oder ein Wochenende im Bett. Oder ein paar Tage Urlaub, die Sie komplett vertrödeln.

Fahren Sie das Unterhaltungsprogramm runter

Alles, was flimmert und so schön bunt ist, lenkt Sie ab. Verbringen Sie weniger Zeit vor dem Fernseher, keine Spiele am Computer, keine Online-Belanglosigkeiten. Denken Sie daran, es gibt etwas, was Sie wirklich wollen. Etwas, das Ihr Leben bereichert. Beschäftigen Sie sich damit.

Stellen Sie sich dem Unbehagen

Viele Aufgaben hätten Sie schon lange erledigt, wenn da nicht auch etwas Unangenehmes wäre. Jedenfalls denken Sie, die Sache könnte unangenehm werden. Wie geht man mit diesen unangenehmen Dingen um? Die Antwort kennen Sie: Nicht ausweichen. Rein ins Unbehagen. Das wirkliche Erleben ist immer anders als das, was Sie sich vorher ausgedacht haben. Aber das können Sie erst merken, wenn Sie mittendrin sind.

Was Sie vom Antriebslosen lernen können

Kann es irgendetwas geben, was wir uns von einem Antriebslosen abgucken können? Sie ahnen es bereits. Auch in diesem Verhaltensmuster verbirgt sich eine Kernkompetenz. Nein, es nicht das Liegen auf der Couch. Die Kernkompetenz besteht im Müßiggang und in der Fähigkeit, sich selbst vergessen zu können.

Viele leistungsorientierte und tüchtige Menschen sehen ihr Dasein stark aus der Ich-Perspektive. Ihr Denken kreist um das eigene Ich. Was muss ich noch tun? Welche Verpflichtungen habe ich? Was springt für mich dabei raus? Wie stehe ich vor den anderen da?

Welchen Eindruck mache ich auf die anderen? Was bringt mir das? Immer wieder Ich und nochmal Ich. Was fehlt, ist die andere Seite der Medaille. Einfach einmal da sein und aufgehen in dem, was gerade passiert. Sich von dem tragen lassen, was jetzt da ist. Sich treiben lassen von Moment zu Moment. Ohne Gewinn, ohne Ziel. Beispielsweise ein Gespräch führen, zuhören und reden, ohne etwas Bestimmtes zu wollen. Oder nur Musik hören, sich bewegen, mitfließen, ohne dabei nachzudenken. Das Dasein einfach nur erleben und vollkommen darin aufgehen – das ist ganz und gar nicht lethargisch. Das ist die volle Teilnahme am Leben. Genau dort, wo das Leben ohne Egozentrik einfach nur fließen darf, werden ungewöhnliche Ideen geboren, genau dort finden kreative Menschen ihre Inspiration. Hier entfaltet sich etwas viel Größeres als das eigene Ich und seine selbstsüchtigen Ziele. Hier beginnt der Zauber der Geistesgegenwart.

INFO

Wie Sie im Jetzt bleiben, während Sie etwas tun

→ Vermeiden Sie das Aufschieben. Sagen Sie Ja zu dem, was jetzt dran ist.

→ Denken Sie nicht an den Erfolg. Denken Sie nicht an einen Misserfolg. Tun Sie, was zu tun ist, und fangen Sie damit an.

→ Pirschen Sie sich in kleinen Schritten an das Große heran. Versuchen Sie nicht, alles sofort zu schaffen. Heute ist dieser eine Schritt dran. Morgen kommt der nächste.

→ Bleiben Sie aufmerksam und bewusst. Dieses kostbare Jetzt – das ist die einzige Zeit, die Sie haben.

Der distanzierte Typ

Rückzug ist das Motto des Distanzierten. Sie sehen ihn einfach nicht mehr. Hören nichts mehr von ihm. Die Tür ist zu. Distanzierte wirken so, als bräuchten sie keinen Kontakt zu anderen Menschen. Oder nur sehr wenig davon. Der Distanzierte kann Nähe nur schwer zulassen. Er ist der Typ, der nicht auf Sie zugeht, sondern eher von Ihnen abrückt.

Körpersprache und Verhalten

Der Distanzierte gibt sich meistens schon bei der Begrüßung zu erkennen. Er ist kein Freund von überwältigendem Körperkontakt. Bei intensiven Umarmungen wirkt der Distanzierte oft ein wenig steif. Er – oder sie – hofft, dass das alles schnell vorbei geht.

Einen sozial angepassten Distanzierten können Sie durchaus umarmen. Der Betreffende wird mitmachen, aber insgeheim wäre ihm ein gewöhnlicher Händedruck viel lieber, besser noch ein bloßes »Hallo« mit der winkenden Hand.

Der distanzierte Typ strahlt deutlich aus, dass er gut allein sein kann und andere Menschen nicht unbedingt braucht. Die klassische Pose des Distanzierten ist der Beobachtungsposten – gern mit verschränkten Armen. In geselligen Situationen wie auf einer Party neigen viele Distanzierte dazu, sich am

Rand aufzuhalten. Einige Distanzierte krallen sich jemanden, um diesem Menschen dann einen Vortrag zu halten. Besonders die intellektuellen Distanzierten können stundenlang monologisch reden, etwa über die Wirkung von Alkohol im menschlichen Fettstoffwechsel oder die Krümmung des Raum-Zeit-Gefüges. Das ist ihre Art, sich gesellig einzubringen.

Was reizt am Distanzierten so?

Reizend ist der distanzierte Typ für diejenigen, die in beruflichen und privaten Beziehungen nach Nähe und Verbundenheit mit anderen Menschen suchen. Wer nach Nähe sucht, möchte mit anderen zusammen arbeiten und leben. Der Nähesuchende will mit anderen Menschen in Kontakt sein. Er ist gesellig, will sich austauschen und Bestätigung bekommen. Leider gibt es das beim Distanzierten nur ab und zu. Sie bekommen es auch erst dann, wenn Sie mit dem Distanzierten einen Termin vereinbart haben.

Die eiskalte Chefin

Beate hatte so eine distanzierte Chefin. Und Beate kam mit ihr nicht zurecht. Die Chefin, eine hochdekorierte Wissenschaftlerin, saß gern in ihrem Büro und kam selten da raus. Am Anfang war Beate froh, dass ihr neuer Vorgesetzter eine Frau ist. Sie dachte, mit der könnte man doch von Frau zu Frau reden. Da gäbe es doch sicherlich eine Verbundenheit, die man mit einem männlichen Chef nie hinbekäme. Pustekuchen!
Die neue Chefin plauderte nie. Sie sprach nur sachlich über das, was zu tun war und … Ende. Ansonsten saß diese Frau in ihrem Büro und ließ sich nicht blicken. Sie arbeitete allein und am liebsten ganz

ungestört. Spontan einmal kurz reingucken und Hallo sagen ging gar nicht. Die Chefin bestand darauf, dass es einen festen Termin gab, an dem die anfallenden Dinge besprochen wurden. Und mehr nicht. Keine spontane Besprechung bei Schwierigkeiten, keine informelle Information zwischen Tür und Angel oder in der Teeküche.

Beate hätte sich mehr Kontakt gewünscht. Vielleicht mal ein paar persönliche Worte, ein kleines Lob oder mal was Privates. Aber da kam nix. Beate fand, dass ihre Chefin arrogant und eiskalt war. Genau darüber beschwerte sich Beate bei mir. Sie fragte mich: Wie soll man mit jemandem zusammenarbeiten, der so dermaßen distanziert und kalt ist?

Mehr Verständnis für den Distanzierten

Für den Distanzierten sieht die Sache anders aus. Für ihn ist sein Verhalten keine Zurückweisung oder eine Ablehnung. Es ist einfach nur seine Art, wie er mit anderen Leuten umgeht. Der distanzierte Typ sucht nicht in erster Linie nach Nähe und Verbundenheit mit anderen Menschen. Ihm sind seine Autonomie und seine Unabhängigkeit am Wichtigsten. Die Nähe zu anderen Menschen verunsichert den Distanzierten oft.

Auch die distanzierte Art ist ein erlerntes Verhaltensmuster – und oft steckt eine große Not dahinter.

Viele **distanzierte Menschen** haben in jungen Jahren sehr **schlechte Erfahrungen** mit **zwischenmenschlicher Nähe** gemacht.

Um einigermaßen gut durch die Kindheit zu kommen, war es für diese Menschen wichtig, sehr früh auf eigenen Beinen zu stehen. Dabei merkten die Betroffenen, dass es ihnen besser geht, wenn sie andere Menschen nicht zu dicht an sich herankommen lassen. Denn diese anderen Menschen, wer immer das auch früher war, nutzten die Nähe aus, um den Betroffenen etwas Schlechtes oder Schmerzhaftes zuzufügen. Manche Distanzierte haben nie gelernt, dass Nähe auch angenehm sein kann.

Deswegen fühlen sich distanzierte Menschen am sichersten, wenn sie ihre eigenen Kreise (ihr eigenes Büro, ihre eigene Wohnung, ihr eigenes Projekt) haben und andere Leute auf Abstand halten können. Der Distanzierte will jetzt, als erwachsener Mensch, selbst kontrollieren können, mit wem er Kontakt hat und wie intensiv dieser Kontakt sein soll. Kontakt ist für den Distanzierten etwas, das er nur mit Vorsicht genießen kann.

Tun Sie das nicht

Das distanzierte Verhaltensmuster wird für Sie reizend, je mehr Sie sich darin verhaken. Das kann zum Beispiel so aussehen: Sie fordern vom Distanzierten mehr Nähe und mehr Kontakt. Sie besuchen ihn spontan und versuchen, mit ihm zu reden. Sie produzieren viel Gefühl und vielleicht auch ein Drama, um ihn aus der Reserve zu locken. Sie zeigen dem Betreffenden, dass Sie unzufrieden sind und sich mehr Gespräche wünschen. Sie reden mehr über Privates und Persönliches, in der Hoffnung, der Distanzierte würde auch einmal etwas Persönliches von sich preisgeben. Ergebnis: Sie werden für den Distanzierten echt gruselig. Und was macht der daraufhin? Raten Sie mal.

Richtig: Dieser Mensch benutzt jetzt das Verhaltensmuster, das ihn schon in der Kindheit gerettet hat. Er zieht sich noch weiter zurück. Er wird noch distanzierter. Und was passiert mit Ihnen? Sie sind wahrscheinlich enttäuscht bis wütend, weil alle Ihre Bemühungen um Nähe nichts gebracht haben.

Mit dem Distanzierten gut auskommen

Nehmen Sie das distanzierte Verhalten nicht persönlich. Es nicht gegen Sie gerichtet. Interpretieren Sie nichts Böses hinein. Der Distanzierte braucht den Rückzug, um sich einigermaßen sicher zu fühlen. Sie können einen distanzierten Menschen für sich gewinnen, wenn Sie die nachfolgenden Tipps beherzigen.

Bedrängen Sie den Distanzierten nicht

Behalten Sie im Hinterkopf, dass der Distanzierte ein viel geringeres Bedürfnis nach Nähe hat als Sie. Lange intensive Umarmungen, Küsschen links und Küsschen rechts, tiefer Blickkontakt mit Händ-

INFO

Respektieren Sie seinen Rückzugsort

Jeder Distanzierte hat solche Rückzugorte. Der Büroraum, der Bastelkeller, die eigene Wohnung – das sind die Schutzräume des Distanzierten. Sie können so einen Menschen leicht gegen sich aufbringen, wenn Sie dort, ohne zu fragen, einfach reinplatzen.

chen halten – das mag für Sie herzlich sein. Für den Distanzierten kann das zu viel sein. Auch im Job sind viele Distanzierte eher kontaktscheu. Manche meiden den Händedruck ganz und gar. Viele Distanzierte mögen kein Schulterklopfen und auch keine anderen Berührungen im Gespräch.

Klopfen Sie an

Anklopfen ist wichtig. Damit zeigen Sie, dass Sie nicht zudringlich sind. Sie bleiben an der Grenze – in der Tür – stehen und bitten um Einlass, statt einfach in den Rückzugsort einzudringen. Fragen Sie lieber einmal zu viel, als zu wenig:

→ »Darf ich kurz stören?«

→ »Hast du Zeit für mich?«

→ »Kann ich Ihnen hier den Bericht hinlegen?«

→ »Kann ich mich auf diesen Stuhl setzen?«

Es gilt die folgende Regel: Respektieren Sie den Rückzugort des Distanzierten.

Bitten Sie um einen zeitlich begrenzten Kontakt

Zeitlich begrenzter Kontakt heißt Folgendes: Sie sagen, wie lange Sie mit dem Distanzierten zusammen sein wollen. Beispielsweise kann das ein Gespräch von fünf Minuten sein. Oder Sie gehen zusammen Essen, Dauer etwa eine Stunde. Oder ein Spaziergang von zwei Stunden. Sprechen Sie mit diesem Typen über eine konkrete Zeitbegrenzung:

→ »Ich möchte gern mit Ihnen über das Projekt reden. Ich schätze mal, wir brauchen dafür eine halbe Stunde. Wann passt es Ihnen? Ginge es heute Nachmittag so gegen 14 Uhr?«

→ »Ich möchte gern mit dir zusammen Spazierengehen und dabei ein wenig Händchen halten. Am Sonntagnachmittag für zwei Stunden. Hättest du Lust dazu?«

Präzise Verabredungen sind wichtig. Damit weiß der Distanzierte, worauf er sich bei Ihnen einlässt. Er weiß, das wird kein endloser Kontakt oder eine Nähe, die überhaupt nicht mehr aufhört. Sie bitten um eine zeitlich begrenzte Veranstaltung, und darauf kann sich der Distanzierte innerlich einstellen. Er weiß, die Sache hat auch ein Ende, und dann kann er sich wieder zurückziehen.

Kleine Kontakt-Perlen anbieten

Machen Sie Ihrem distanzierten Typ zwischendurch kleine, unaufdringliche Kontaktangebote. Schicken Sie ihm eine Postkarte, eine E-Mail, sprechen Sie ein Hallo auf den Anrufbeantworter oder ein unverbindliches »Ich denk an dich.« Immer mit dem Unterton: Und du bist zu nichts verpflichtet. Das lockt den Distanzierten. Da ist ein Kontaktangebot, das ihn nicht vereinnahmt. Das Angebot wird ihm nur vor die Tür gelegt, und jetzt kann der Distanzierte von sich aus die Tür aufmachen.

Finden Sie ein gemeinsames Thema

Restlos können Sie den Distanzierten für sich gewinnen, wenn Sie mit ihm zusammen ein gemeinsames Thema haben. Eine Sache, die den Distanzierten begeistert und die Sie auch mögen. Ein Distanzierter kann ausdauernd mit Ihnen reden und gern mit Ihnen zusammen sein, wenn Sie sein Interessengebiet teilen. Das kann ein berufliches Projekt sein, eine Sammelleidenschaft, ein Spleen, eine Liebhaberei – irgendetwas, das den Distanzierten in Wallung bringt – das Thema ist der Türöffner. Über ein wichtiges Thema zu reden, ist für den Distanzierten ein wunderbares Mittel, um Kontakt zu haben, ohne dass das Ganze zu persönlich und damit zu aufdringlich wird. Finden Sie das gemeinsame Thema, und Sie haben den Distanzierten für sich gewonnen. Das ist auch wichtig in der Ehe und in der Freundschaft mit einem Distanzierten.

Geben Sie dem Distanzierten Zeit, damit er sich an Sie gewöhnt

Distanzierte Menschen lassen sich nur sehr langsam auf einen näheren Kontakt ein. Der Distanzierte wird Sie lange beobachten und dabei überprüfen, ob Sie seine Bedürfnisse nach Distanz respektieren. Wenn Sie das tun, kann er Ihnen nach und nach näherkommen. Sie bekommen sein Vertrauen, – und das ist eine echte Rarität. Aber diese Rarität gibt er nicht schnell her. Sie brauchen viel Geduld und einen langen Atem.

Das langsame Auftauen der distanzierten Chefin

Das Verhältnis zwischen Beate und ihrer Chefin verbesserte sich, nachdem Beate bei sich etwas geändert hatte. Sie hörte auf, ihre Chefin abzulehnen. Sie hatte akzeptiert, dass ihre Chefin so ist, wie sie ist. Beate erklärte das so: »Mir ist klar geworden, dass ich meine Chefin nicht ändern kann. Deshalb musste ich meine Erwartungen ziemlich weit runterschrauben. Fürs Plaudern und Schwatzen ist sie nicht zu haben. Sie ist streng und lässt dabei nichts Privates raus. So ist sie eben. Wenn ich mal spontan ein Schwätzchen halten will, gehe ich zu einer Kollegin. Mit meiner Chefin mache ich Gesprächstermine. Immer schön formal. Aber ich habe mit ihr einen Termin pro Woche vereinbart, bei dem wir in der Mittagspause zusammen etwas essen. Immer mittwochs um halb eins, genau fünfundvierzig Minuten lang.

*Dort besprechen wir Verschiedenes, so habe ich das genannt. Bei an-
deren Leuten heißt das Small-Talk. Darauf hat sie sich eingelassen.
Irgendwann habe ihr erzählt, dass ich bald in Urlaub fahre – nach
Italien. Da ist sie ganz zutraulich geworden. Sie ist nämlich von Italien restlos begeistert, und zwar besonders von der Amalfi-Küste. Da
kam sie richtig ins Schwärmen und hat auch mal was Privates erzählt. Von ihrem Mann und den Reisen, die sie zusammen gemacht
haben. Seitdem ist Italien unser Thema Nummer eins. Darüber
kriege ich Kontakt zu ihr. Und jetzt kann ich auch mal was Privates
über mich erzählen. Unser Verhältnis nicht mehr so frostig. Sie taut
ganz langsam auf.«*

Hilfe, manchmal bin ich auch ein distanzierter Typ

Wenn Sie eine distanzierte Seite haben, sind Sie wahrscheinlich
sehr selbstständig, und Sie können streckenweise ganz gut ohne
andere Leute zurechtkommen. Leider hat das Distanziertsein einen
gravierenden Nachteil, den Sie wahrscheinlich kennen: die Ten-
denz zur Isolation. Distanzierte Menschen können, ohne groß mit
der Wimper zu zucken, komplett vereinsamen. Vielleicht merken
Sie, dass Ihnen manchmal der Kontakt und die Nähe zu anderen
Menschen fehlen. Vielleicht haben Sie auch bei sich festgestellt,
dass Sie sich unsicher fühlen, wenn andere Menschen Ihnen näher
kommen. Diese Nachteile des Distanziertseins haben Sie bisher in
Kauf genommen. Aber Sie können daran etwas ändern. Es gibt
Möglichkeiten, wie Sie mehr Kontakt haben können, ohne dabei
allzu sehr verunsichert zu werden. Dazu habe ich ein paar einfache
Tipps, mit denen Sie sich selbst helfen können:

Geben Sie ein Lebenszeichen von sich

Sagen Sie »Hallo« zu den Leuten, die Ihnen wichtig sind – plus ein paar persönliche Informationen. Melden Sie sich bei den anderen. Technologien wie Telefon, E-Mail, SMS und die gute alte Postkarte helfen dabei. Praktizieren Sie das Hallo-Sagen regelmäßig und in nicht zu großen Abständen. Wenn Sie unsicher sind, wie häufig und in welchen Abständen Ihre Lebenszeichen angebracht sind, fragen Sie Ihre Leute. Die können Ihnen am besten sagen, wie oft sie ein Lebenszeichen von Ihnen brauchen.

Kombinieren Sie Kontakt und Distanz

Überlegen Sie, wie Sie Ihre distanzierte Art mit einem guten Kontakt zu anderen Menschen kombinieren können. Beispielsweise so: Nehmen Sie an einer Gruppenreise teil, aber sorgen Sie dafür, dass Sie ein eigenes Zimmer für sich allein haben und dass Sie auch einmal allein etwas unternehmen können. Nehmen Sie an einem Kurs teil, bei dem Sie in der Gruppe lernen, aber gleichzeitig etwas allein tun wie bei der Malerei, der Bildhauerei oder dem Reiten. Sorgen Sie dafür, dass Sie sich zurückziehen können, wenn Sie es möchten und brauchen.

Setzen Sie eine Zeitspanne fest

Sie müssen bei einem Treffen nicht endlos lange mit anderen Leuten zusammen sein. Sie können von vornherein deutlich machen, wie lange das Ganze für Sie dauern soll.
Zum Beispiel: Sie gehen zusammen mit einer Freundin, einem Freund oder mit Ihrem Partner einkaufen oder trainieren zusammen im Fitnessstudio, oder Sie verkaufen gemeinsam Ihre Schätze auf dem Flohmarkt. Verabreden Sie nicht nur, was Sie zusammen machen wollen, sondern auch wie lange das dauern soll.

2

Sagen Sie Ihren Leuten Bescheid, wann und warum Sie sich zurückziehen

Viele Leute sind anders gestrickt als Sie. Falls Sie sich plötzlich zurückziehen, wissen die nicht, was mit Ihnen los ist. Wenn Leute nicht wissen was los ist, brüten sie gern die dunkelsten Vermutungen aus. Deshalb ist es wichtig, dass Sie Ihre Mitmenschen aufklären. Sagen Sie den Leuten, was gerade mit Ihnen los ist. Das können ganz einfache Sätze sein, wie:

→ »Ich will ein bisschen allein sein, deshalb verabschiede ich mich schon mal.«

→ »Ich ziehe mich jetzt zurück, um den Kopf klar zu kriegen.«

→ »Ich brauche ein wenig Abstand und geh jetzt in mein Zimmer.«

Mit solchen Ansagen machen Sie deutlich, dass Ihr Rückzug keine Ablehnung ist und dass Sie auch nicht sauer sind. Sie sorgen nur für sich selbst.

Nehmen Sie Kontakt auf, bevor Sie weggehen.

Akzeptieren Sie dabei auch, dass Ihre Mitmenschen gern mehr von Ihnen hätten. Die anderen wollen möglicherweise nicht, dass Sie sich zurückziehen. Das ist vollkommen in Ordnung. Akzeptieren Sie beide Seiten: Ihre Leute wollen mehr von Ihnen, mehr Zeit, mehr Kontakt, mehr Zuwendung. Das dürfen sie Ihnen auch gern sagen. Sie müssen aber nicht das tun, was die anderen wollen. Sie haben andere Bedürfnisse. Sie möchten sich zurückziehen. Auch das ist okay. Lassen Sie beides zu. Wichtig ist, dass Sie hören, was die anderen Ihnen sagen wollen. Das ist bereits eine Form der Nähe und der Zuwendung.

Was Sie vom Distanzierten lernen können

Die Kernkompetenz, sich von anderen Menschen zu distanzieren, ist in der Kommunikation Gold wert. Das gilt besonders für diejenigen, die viel zu viel um die Ohren haben.

Wer viel zu tun hat, wer ständig für andere da ist, braucht Zeit für sich allein. Zeit, um zur Besinnung zu kommen. Ein Weile nicht ansprechbar sein und einmal nicht zur Verfügung stehen. Distanzierte Menschen haben diese wertvolle Kernkompetenz, wenn auch oft etwas zu viel davon.

Sich zurückzuziehen ist auch dann eine gute Wahl, wenn Sie das Gefühl haben, jemand setzt Sie unter Druck oder erpresst Sie. In solchen Situationen ist es enorm wertvoll, die Kunst der Distanzierung zu beherrschen. Gehen Sie raus aus dem Druck, verlassen Sie das Schlachtfeld, um allein zu sein. Jetzt ist niemand da, der auf Sie einredet. Keine Leute, die an Ihnen herumzerren. Während Sie allein sind, können Sie merken, wie Sie sich fühlen und was Sie wirklich wollen. Sich distanzieren zu können, schützt Sie davor, dass andere Sie permanent vereinnahmen. Gucken Sie sich von einem Distanzierten ab, wie man sich unauffällig abschotten kann. Die Fähigkeit, sich von anderen Menschen zurückzuziehen, ermöglicht es Ihnen, »Ihr Ding« durchzuziehen – unabhängig davon, was der Rest der Welt über Sie denkt. Sie machen das, was Sie für richtig halten, ohne auf die Erlaubnis der anderen zu warten. Sie denken und handeln selbstständig und brauchen dafür keine Bestätigung von Ihren Mitmenschen. Das ist auch eine Kernkompetenz, die Sie sich für Ihr eigenes Leben von dem distanzierten Typen abgucken können.

2

Der Unentschlossene

Dieser Typ ist leicht zu erkennen. Er kann sich nicht entscheiden. Das kann schon bei den einfachsten Dingen losgehen: Auswärts essen oder zu Hause kochen? In den Imbiss gehen oder zum Griechen? Kartoffeln zum Souflaki oder doch lieber Reis? Oder sich doch lieber eine Pizza nach Hause liefern lassen? Entscheidungen überfordern den Unentschlossenen.

Körpersprache und Verhalten

Der Unentschlossene überlegt, und dabei wirkt er ratlos. Ein fragender Gesichtsausdruck und hochgezogene Schultern, die sagen: Ich weiß es nicht. Er bleibt stumm. Einige machen auch einen verwirrten Eindruck. Die Augen bewegen sich schnell hin und her, die Unterlippe wird angeknabbert, an der Kleidung wird herumgefingert. Alles an ihm signalisiert: Ich weiß nicht.

Manche Unentschlossene reden viel, um ihre innere Ratlosigkeit zu kaschieren. Sie machen viele Worte, kauen in Gedanken alles drei Mal durch und verwirren damit ihren Gesprächspartner. Tatsächlich wird dabei nur deutlich, dass der Unentschlossene keinen Standpunkt beziehen kann. Aber das sagt er nicht offen. Er versucht, so zu tun, als hätte er eine klare Position. Nur die lässt sich nicht greifen. Das lange Reden vernebelt seine tatsächliche Unentschlossenheit.

Was reizt am Unentschlossenen so?

Der Unentschlossene denkt über alles nach und zwar in alle Richtungen. Er hört auf das, was ihm sein Kopf sagt, aber leider kommt auch noch sein Bauchgefühl dazu, und das sagt etwas ganz anderes. Nebenbei liest er auch noch ein paar Testberichte, und die gehen in eine komplett andere Richtung. Wenn man jetzt noch die ökologischen Aspekte berücksichtigt, dreht sich die Sache noch einmal um hundertachtzig Grad. Wie soll man sich da nun richtig entscheiden?

Dieser Typ will unter allen Umständen die richtige Entscheidung treffen und, weil es so viel zu bedenken gibt, entscheidet er sich zunächst überhaupt nicht. Er schwankt, er ist wankelmütig und kurz gesagt: unentschlossen. Wenn sich dieser Typ doch endlich entschließt, stellt er in letzter Minute alles in Frage.

Wie sind Sie selbst gestrickt? Wollen Sie eine Sache ratzfatz erledigen? Genau dann wirkt der Unentschlossene wie eine Bremse. Sie geben Gas, er stoppt. Sein Zögern kann Sie zur Weißglut bringen.

Er kann sich nicht entscheiden

Ellen und Gregor wollten sich jetzt die langersehnte Fernreise in die Karibik gönnen. Es hätte alles so einfach sein können, wäre da nicht Gregor mit seiner Unentschlossenheit. Bei größeren Entscheidungen brauchte Gregor immer eine sehr lange Bedenkzeit: Als die beiden zusammen in eine gemeinsame Wohnung ziehen wollten, dauerte die Wohnungssuche fast zwei Jahre, weil Gregor bei jeder annehmbaren Wohnung zuerst zögerte. Er war sich nicht sicher, ob es nicht doch noch eine bessere Wohnung gäbe. Dieses ewige Zögern von

2

Gregor nervte Ellen. Letztlich war sie es, die die Entscheidungen traf. Sie war vom Typ her ganz anders als Gregor. Sie packte die Dinge beim Schopf, ohne lange nachzudenken.

Gregor ließ sich von Ellen immer wieder mitziehen, oft auch mit viel Murren. Jetzt, wo es darum ging, endlich die Karibikreise zu buchen, da stellte Gregor alles in Frage. Er überlegte, ob sie nicht lieber ans Mittelmeer fahren sollten. Da ist es ja schließlich auch sonnig. Ellen verdrehte genervt die Augen. Es ging schon wieder los. Gregor und seine Unentschlossenheit. Und dann fiel ihm etwas ganz anderes ein. Warum überhaupt eine Flugreise? Wäre es nicht viel schöner, wenn man sich ein Wohnmobil mieten würde und damit in Skandinavien herumfährt? Ellen war jetzt extrem verärgert. Wieder einmal schmiss Gregor alles um, was die beiden lange geplant hatten. Ellen wollte endlich Nägel mit Köpfen machen, Gregor bremste.

Mehr Verständnis für den Unentschlossenen

Der Unentschlossene hat Angst, sich festzulegen. Schließlich könnte die Entscheidung, die er trifft, auch falsch sein. Das ist die Ursache der Unentschlossenheit: Die Angst, sich falsch zu entscheiden. Jede Entscheidung ist auch eine Festlegung, und für den Unentschlossenen bedeutet seine Unentschlossenheit, dass er noch keinen Fehler gemacht hat. Wenn er sich für diese Wohnung entscheidet, verzichtet er gleichzeitig auf alle anderen Wohnungen. Wenn er diese Reise bucht, verzichtet er auf alle anderen Reisen. Was ist, wenn die Entscheidung falsch war? Wenn die Wohnung schlecht ist oder wenn die Reise ein Reinfall wird? Dann hat er einen Fehler gemacht, und den bereut er vielleicht ein Leben lang.

Das befürchtet der Unentschlossene. Hinter diesem Verhaltensmuster steckt Angst. Manche unentschlossenen Typen erstarren im Angesicht dieser Angst regelrecht.

Im schlimmsten Fall harren sie dort aus, wo es ihnen schlecht ergeht, zum Beispiel an einem miesen Arbeitsplatz. Der Unentschlossene weiß, um von diesem miesen Arbeitsplatz wegzukommen, müsste er eine Entscheidung treffen. Doch sofort ist seine Angst da, eine falsche Entscheidung zu treffen. Der Unentschlossene zögert und zögert und zögert und weiß nicht genau, was er tun soll, und währenddessen bleibt er an seinem miesen Arbeitsplatz.

Aber keine Entscheidung zu treffen ist auch eine Entscheidung. Sich nicht zu entscheiden, kann auch falsch sein.

Tun Sie das nicht

Sie können sich spielend leicht in das Verhaltensmuster des Unentschlossenen verhaken: Der Typ zögert, und Sie drängeln. Wenn Sie das tun, hängen Sie am Haken, und die Sache wird für Sie sehr reizend – und vermutlich auch anstrengend.

Der Unentschlossene kann sich nicht entscheiden, weil er tief im Inneren Angst davor hat, einen Fehler zu machen. Ihr Drängeln treibt ihn direkt in die Arme dieser Angst. Jede Art von Druck verstärkt seine Befürchtungen. Deshalb ist es auch sinnlos, dem Unentschlossenen für seine Entscheidung ein Ultimatum oder ihm eine Deadline zu setzen. Das alles macht ihn nur noch nervöser. Der Unentschlossene will alles nochmal gründlich überdenken. Und das dauert und dauert und dauert.

Vielleicht können Sie den Unentschlossenen sehr stark beeinflussen, etwa weil Sie sein Boss sind. Oder weil Sie ihn sehr gut mit

Worten manipulieren können. In diesem Fall gelingt es Ihnen vielleicht, den Zauderer zu einer Entscheidung zu drängen. Aber die Sache hat einen Nachteil. Der Unentschlossene steht nicht dahinter. Er hat sich entschieden, weil er das musste. Jetzt können Sie erleben, wie der Unentschlossene seine Entscheidung klammheimlich sabotiert. Schon eine Woche später hat er alles vergessen. Er hat den Vertrag gar nicht abgeschickt oder die Rechnung nicht bezahlt. Oder er hat in letzter Minute alles rückgängig gemacht.

Mit dem Unentschlossenen gut auskommen

Fangen Sie bei sich selbst an. Hören Sie auf, den Unentschlossenen für sein Verhalten zu verurteilen. Sie haben es mit einem Verhaltensmuster zu tun, das nicht gegen Sie gerichtet ist. Nehmen Sie es nicht persönlich. Dazu noch ein paar Tipps von mir.

Schrauben Sie Ihre Erwartungen runter

Von einem unentschlossenen Menschen eine schnelle Entscheidung zu erwarten ist so, als würden Sie von einem Fisch erwarten, dass er einen flotten Stepptanz aufführt. Erwarten können Sie von einem Unentschlossenen nur eines: Dass der Betreffende viel Bedenkzeit braucht.

Erweisen Sie sich als vertrauenswürdig

Legen Sie Ihre Karten offen auf den Tisch. Erklären Sie Ihrem Unentschlossenen, welche Absichten Sie verfolgen. Sagen Sie deutlich, was für Sie wichtig ist, wo Sie hinwollen, welche Ziele Sie haben. Tun Sie das freundlich, aber sprechen Sie dabei klar und präzise.

Akzeptieren Sie das Pro und Kontra

Alle Entscheidungen haben Vor- und Nachteile, alle Dinge haben mindestens zwei Seiten. Die meisten Dinge haben sogar vier bis sechs Seiten. Wenn Sie das nicht glauben, fragen Sie einen Unentschlossenen. Wischen Sie die verschiedenen Seiten einer Sache nicht vom Tisch. Seien Sie bereit, zusammen mit dem Unentschlossenen alle Aspekte einer Sache zu betrachten. Alle Vor- und Nachteile dürfen ans Licht kommen.

Was befürchtet der Unentschlossene?

Fragen Sie diesen Menschen, was ihm bei der Entscheidung am meisten Sorgen macht. Hören Sie gut zu, und nehmen Sie die Antwort ernst. Was will der Unentschlossene unbedingt vermeiden? Welche Nachteile will er nicht in Kauf nehmen? Welchen Fehler will er auf keinen Fall begehen?

Weisen Sie auf ein gutes Ende hin

Zeigen Sie dem Unentschlossenen, dass es zu seinen sorgenvollen Fantasien auch das Gegenteil gibt, nämlich die positive Vorstellung. Wenn sich der unentschlossene Typ vorstellen kann, dass alles schief geht, dann könnte er sich auch vorstellen, wie alles gut ausgeht. Sorgen Sie dafür und unterstützen Sie ihn dabei, dass er auch ein Happy End in Betracht zieht.

Erinnern Sie an die guten Entscheidungen

Viele Zauderer sind so auf mögliche Fehlentscheidungen fixiert, dass Sie ihre guten Entscheidungen aus der Vergangenheit vollkommen vergessen. Sie können das ändern. Erinnern Sie den Unentschlossenen daran, dass er schon einiges gut hinbekommen hat.

Er hat bereits Entscheidungen getroffen, die für ihn richtig und gut waren. Das kann er jetzt wieder tun.

Wie man den Sorgenberg abbaut

Für Ellen bestand die größte Herausforderung darin, geduldiger zu werden. Immer wenn Gregor sich nicht entscheiden konnte, merkte sie, wie ihre Ungeduld hochkochte. Bisher hatte sie immer verärgert auf Gregor eingeredet. Jetzt fing sie an, sich mehr zurückzunehmen. Ich gab Ellen für Ihre Situation einige Anregungen, die sie mit Erfolg ausprobiert hat.

Bei der ersten Anregung ging es darum, dass die beiden ihre Aufgabenfelder mehr trennen. Das befreite Ellen und Gregor davon, wegen jeder Kleinigkeit endlos diskutieren zu müssen. Gregor übernahm alle Entscheidungen, die sich ums Auto drehten und die die Elektrik in der Wohnung betrafen. Ellen übernahm die Entscheidungen über die neuen Vorhänge und den neuen Tiefkühlschrank. Vielleicht war diese Einteilung etwas konventionell, aber jeder hat sich um das gekümmert, wovon er viel Ahnung hatte. Beide vereinbarten, dass sie mit den jeweiligen Beschlüssen des anderen einverstanden waren. Jeder entschied in seinem Bereich, was er für richtig hielt.

Als beide wieder einmal über die Karibikreise sprachen, stellte Ellen die entscheidende Frage. Sie fragte Gregor, was ihm bei dieser Reise Sorgen machte. Ellen staunte nicht schlecht, als Gregor eine lange Liste von Problemen abspulte. Er hatte Bedenken wegen dem langen Flug, machte sich Sorgen wegen möglicher Infektionskrankheiten und Parasiten, das fremde Essen könnte Darmprobleme verursachen, die hohe Luftfeuchtigkeit wäre nicht gut für den Kreislauf, wahrscheinlich wäre es überhaupt zu warm, die Klimaanlage im Hotel könnte ausfallen und so weiter.

Ellen hörte aufmerksam zu und zeigte Verständnis für Gregors Bedenken. Damit tat sie etwas, was sie früher nie getan hatte. Sie versuchte nicht, ihn zu überreden. Sie machte keinen Druck. Sie ging nicht in den Widerstand. Sie stellte sich auf seine Seite.

Gregor entspannte sich. Er gab zu, dass er unsicher war. Er wollte unbedingt, dass diese Reise ein voller Erfolg wird. Ellen merkte, dass Gregor sehr hohe Ansprüche hatte. Mit dieser Reise wollte er auf Nummer sicher gehen. Ellen sagte ihm, dass es diese Sicherheit nicht gäbe. Eine Reise, egal wohin, könne immer auch ein Reinfall werden. Gemeinsam gingen sie jeden Problempunkt auf Gregors Bedenkenliste durch. Sie überlegten, welche Medikamente sie mitnehmen könnten, wie sie vor Ort einen guten Arzt finden könnten und was sie tun könnten, wenn im Hotel die Klimaanlage ausfällt. Für jede Sorge suchten sie nach einer Lösung.

Am Ende stimmte Gregor zu: Ja, es sollte in die Karibik gehen. Ellen war erleichtert. Aber sie wusste auch, wenn es konkret wird und die Reise gebucht werden soll, könnte Gregor nochmal kalte Füße kriegen. Für Ellen war das eine Chance, sich in Geduld zu üben.

Hilfe, manchmal bin ich auch ein Unentschlossener

Sie haben die Gabe, alles gründlich abzuwägen. Sie finden zu jedem Pro mindestens ein Kontra, wenn nicht noch mehr. Sie würden sich nie spontan ein Auto kaufen, nur weil die Ledersitze gut riechen. Sie sammeln Informationen, durchdenken die Sache in Ruhe und wägen ab. Leider kann es passieren, dass Sie kein Ende finden. Damit blockieren Sie sich. Bitte verstehen Sie mich richtig: Es ist vollkommen in Ordnung, wichtige Entscheidungen in Ruhe und mit einem klaren Kopf zu fällen. Man kann eine Sache ausbrüten, aber man kann sie auch »überbrüten«. Hier kommen meine Tipps für Sie.

Finden Sie die Ursache

Wenn Sie das nächste Mal unentschlossen sind, schauen Sie nach, was bei Ihnen los ist:

→ Woher kommt die Hemmung?

→ Haben Sie Angst, sich festzulegen?

→ Fürchten Sie die Konsequenzen Ihrer Entscheidung?

Mit ein wenig Aufmerksamkeit können Sie merken, wovor genau Sie ausweichen.

Begrenzen Sie das Herumgrübeln

Was Ihnen möglicherweise fehlt, ist eine innere Grenze. Eine Grenze, die Sie sich selbst setzen. Das ist ein Stopp für die Unentschlossenheit. Das Sammeln von Informationen, das Abwägen, das Hin und Her – wann genau fangen Sie an, sich vor der Entscheidung zu drücken? Wann genau ist das Herumgrübeln nur noch ein Ausweichmanöver, weil alle Aspekte längst klar sind? An dieser Stelle stoppen Sie.

Üben Sie den Sprung ins Vertrauen

Es gibt den Moment, in dem Sie sich entscheiden. Genau jetzt ist Ihre Angst am stärksten. Sie springen ins kalte Wasser und wissen nicht, wie die Sache ausgeht. Genau jetzt brauchen Sie Vertrauen. Vertrauen Sie darauf, dass Sie mit den Folgen Ihrer Entscheidung fertig werden. Das ist ein realistisches Vertrauen, dass Sie in sich selbst setzen. Sie können sich entscheiden und dabei auch unsicher oder ängstlich sein. Anschließend vertrauen Sie darauf, dass Sie mit allem umgehen können, was danach kommt.

Schrauben Sie Ihre Ansprüche an sich selbst runter

Erwarten Sie von sich keine perfekten Entscheidungen. Oft gibt es nicht »das einzig Richtige«. Das, was Sie entscheiden, ist okay – es ist das Beste für diesen Moment, für dieses Jahr, für diesen Lebensabschnitt. Nicht für alle Ewigkeit. Nur für jetzt. Das reicht! Sie waren früher schon mutig und haben sich entschieden. Das können Sie wiederholen.

Lernen Sie eine Entscheidungstechnik

Machen Sie Ihre Schwäche zu Ihrer Stärke. Finden Sie heraus, welche Entscheidungstechniken es gibt, und probieren Sie alle praktisch aus. Finden Sie eine, die Ihnen am meisten hilft, die Sie am witzigsten finden, die Sie richtig gern haben. Ich persönlich mag das Focusing sehr. Das ist eine intuitive Methode, bei der Gefühle und körperliches Befinden eine zentrale Rolle spielen. Es gibt auch rationale Methoden wie die Plus-Minus-Interessant-Matrix. Aber denken Sie daran:

Keine Entscheidungstechnik kann
Ihnen das Gefühl der Angst abnehmen.
Am wichtigsten ist es, dass Sie Ihr Angstgefühl
bewusst wahrnehmen und lernen, wie
Sie sich trotz Ihrer Angst entscheiden können.

Was Sie vom Unentschlossenen lernen können

Auch in der Unentschlossenheit liegt eine wertvolle Kernkompetenz: Die Fähigkeit, eine Entscheidung gründlich abzuwägen und ein Problem von allen Seiten zu betrachten. Wer unentschlossen ist, kann das sehr gut. Das ist das genaue Gegenteil von spontanem Zupacken und Loslegen. Denken Sie nur einen Moment an die Situationen, in denen ein Zögern sehr wertvoll wäre: Haben Sie schon von Leuten gehört, die in einen Kaufrausch verfallen? Menschen, die sich haushoch verschulden, weil sie alles spontan kaufen, was ihnen gefällt? Das Zaudern und Zögern fehlt diesen Menschen. Ein wenig mehr Unentschlossenheit wäre für sie eine echte Hilfe, nicht gleich alles zu kaufen, sondern erst in Ruhe das Für und Wider zu bedenken. Kennen Sie Leute, die sich etwas aufschwatzen lassen, nur weil der Vertreter oder der Berater so nett geredet hat? Man möchte diesen Menschen zurufen: »Wenn jemand Sie bequatscht, seien Sie bitte unentschlossen.« Diese Kernkompetenz bewahrt Sie davor, über den Tisch gezogen zu werden.

INFO

So schützen Sie sich vor Druck und Drängelei

→ Wenn jemand Sie bedrängt: Seien Sie unentschlossen und zögern Sie.

→ Prüfen Sie genau, wenn jemand Ihnen angeblich nur Vorteile anbietet.

→ Unterschreiben Sie nichts, nur weil das Angebot so einmalig ist.

→ Holen Sie Informationen ein, durchdenken Sie alles gründlich.

Der Schmeichler

Der Schmeichler hat einen großen Rucksack voller Komplimente, und die verteilt er auch. Dieser Typ sagt Ihnen, dass er Sie bewundert. Sie haben beeindruckende Ideen. Ihre Wohnung ist sehr geschmackvoll eingerichtet. Ihre Arbeit machen Sie ganz toll. In seinen Augen sind Sie etwas ganz Besonderes. Mit seinen Worten malt er ein imponierendes Bild von Ihnen. Sie fühlen sich geschmeichelt. Und schon hängen Sie am Haken.

Körpersprache und Verhalten

Ein Schmeichler ist Ihnen gegenüber zugewandt und aufmerksam. Er schaut Sie interessiert an, während Sie reden, und er lacht über Ihre Witze. Dieser Typ zeigt Ihnen einen freudigen, sonnigen Gesichtsausdruck, und seine Stimme klingt sanft, manchmal auch euphorisch. Der Schmeichler wirkt insgesamt sehr freundlich. Sie bekommen von einem Schmeichler selten ein Nein zu hören. Dieser Typ passt sich an, macht mit, und dabei ist er ganz im Ja. Das macht ihn zu einem angenehmen Zeitgenossen, den man gern um sich hat und bei dem man sich wohlfühlt. Damit hat der Schmeichler an Boden gewonnen.

Was reizt am Schmeichler so?

Warum sollte so ein netter Mensch schwierig sein? Hat er wirklich einen Stachel? Erst wenn Sie am Haken hängen, bemerken Sie die Reizung, die vom Schmeichler ausgeht. Denn seine Lobreden haben einen Haken. Der Schmeichler schmeichelt nicht kostenlos. Er will damit etwas erreichen.

Reizend wird dieses Verhaltensmuster erst, wenn Sie merken, dass Sie von diesem Menschen manipuliert werden. Der Schmeichler möchte von Ihnen etwas bekommen. Er will von Ihnen Zuwendung oder Zuneigung bekommen. Vielleicht sollen Sie etwas für ihn tun, oder Sie sollen sich auf ein Projekt einlassen, mit ihm zusammenarbeiten, einen Vertrag unterschreiben, ihm beim Umzug helfen, ihm Geld leihen, ihn ins Rampenlicht bringen oder ihm einen guten Job verschaffen.

Die Schmeicheleien sind die Leine,
an der Sie geführt werden.

Das Verhaltensmuster funktioniert so: Zuerst sagen Sie Ja zu dem positiven Bild, das der Schmeichler von Ihnen zeichnet. Ja, Sie sind wirklich ein besonderer Mensch, eine großartige Persönlichkeit. Und jetzt können Sie doch nicht Nein sagen, wenn der Schmeichler eine kleine Bitte an Sie richtet. Eine Bitte, die Sie ganz leicht erfüllen können, weil Sie doch so kompetent, so wohlhabend, so clever, so stilsicher, so hilfsbereit sind. Dann können Sie dem Schmeichler doch diesen kleinen Gefallen tun. Das ist für Sie nur eine Kleinigkeit, weil Sie doch so wunderbar und großartig sind.

Erst der Zuckerguss, dann der Untergang

In der Seminarpause sprach mich eine ältere Teilnehmerin an. Sie lächelte sehr freundlich und sagte: »Frau Berckhan, ich bewundere Ihre Art. Sie zeigen uns, dass es für jedes Problem eine Lösung gibt. Und das machen Sie mit so viel Charme und Humor. Sie sind großartig!« Ah, wie schön! Es tat mir so gut, das zu hören. Ich wurde glatt um zehn Zentimeter größer.

Als das passierte, war ich noch Anfängerin im Seminargeschäft. Die aktuelle Veranstaltung war anstrengend. Ich war ein wenig unsicher, ob wirklich alles gut lief. Und ich wollte so dringend, dass dieses Seminar ein Erfolg wird. Mit wenigen Worten hatte diese Frau ein absolut positives Bild von mir entworfen, da fühlte ich mich gebauchpinselt.

Sie ahnen was los war: Ich hing am Haken. Aber leider merkte ich das nicht. Die nette Dame hatte da noch eine kleine Bitte: »Ich brauche da mal dringend einen praktischen Tipp von Ihnen. Es geht um meinen Mann, und darüber möchte ich nicht vor der gesamten Seminargruppe reden. Sie finden immer so schnell eine Lösung. Könnte ich Sie nach dem Seminar kurz sprechen und Ihnen mein Problem schildern?« Ich stand noch total unter dem Einfluss ihrer netten Schmeicheleien. Ich, die charmante, humorvolle Tippgeberin, die jedes Problem lösen kann – ich sagte spontan: »Ja, wenn das hier vorbei ist, unterhalten wir uns mal über Ihr Problem.«

Ich war nach dem Seminartag müde und erschlagen, aber ich setzte mich mit der Frau hin und hörte ihr zu. Es ging um ein verschlungenes Eheproblem, in das ihre halbe Verwandtschaft verstrickt war. Ich musste eine Stunde lang zuhören, um überhaupt einigermaßen zu begreifen, was in ihrer Ehe vorgefallen war. Das Ganze entpuppte sich als Trojanisches Pferd. Das sieht von außen harmlos aus, aber im Inneren versteckt sich viel Unheil. Ich gab mir Mühe und servierte ihr einige Tipps und schlug Ihr eine gute Kommunikationsstrategie vor. Die nette Dame fand alle meine Tipps etwas daneben. Nicht so geeignet. Ich war viel zu erschöpft, um weiterzureden. Die Dame schlug vor, wir könnten morgen Abend miteinander telefonieren. Ich sagte Ja, nur um jetzt aus der Nummer rauszukommen. An dem Abend telefonierten wir fast anderthalb Stunden lang und wieder brachte das Gespräch nicht die Lösung, die sie sich erhoffte. Deshalb schlug diese nette Frau jetzt vor, wir könnten uns doch mal bei ihr zu Hause treffen, wenn ihr Mann bei der Arbeit ist. Dort könnten wir doch ganz in Ruhe bei einem Kaffee noch ausführlicher und im Detail über ihr Eheproblem reden.

Genau da merkte ich, wie sehr mich diese Dame reizte. Ich stoppte die Sache und sagte das, was ich viel eher hätte sagen sollen. Ich sagte Nein. Ich erklärte ihr ausführlich, warum mir das alles zu viel wird. Und dass ich ihr wahrscheinlich gar nicht helfen kann. Ich sprach über Eheberatungsstellen und Paartherapeuten. Aber das wollte die Frau nicht. Sie war enttäuscht von mir. Enttäuscht, weil ich ihr keine passende Lösung präsentieren konnte und sie dann auch noch hängen ließ. Jetzt war ich nicht mehr die großartige Trainerin mit den praktischen Lösungen.

Ich versuchte, mein positives Image zu retten, und redete mit Engelszungen auf sie ein. Anders gesagt: Ich zappelte kräftig an meinem Haken. Und so ein Gezappel treibt den Haken immer tiefer ins Fleisch. Die Dame wurde sauer. Ich entschuldigte mich. Aber das nützte auch nichts mehr.

Ein erfahrener Kollege, dem ich von diesem Schlamassel erzählte, fragte mich: »Barbara, wie bist du da nur reingeraten?« Gute Frage. Wie bin ich da nur reingeraten?

Mehr Verständnis
für den Schmeichler

Ich möchte Ihnen zeigen, was in einem Schmeichler vor sich geht. Versetzen Sie sich einen Moment lang in die Welt des Schmeichlers. Stellen Sie sich vor, Sie möchten Ihre Interessen vertreten, aber gleichzeitig wollen Sie niemanden gegen sich aufbringen. Sie wollen keinen Kampf. Sie möchten keine harten Verhandlungen führen. Im Laufe Ihres Lebens haben Sie gelernt, dass man mit Honig viel leichter Fliegen fängt als mit Essig. Früher als Kind, wenn Sie da lieb und süß waren, wenn Sie Papa oder Mama umschmeichelt haben, bekamen Sie ihr Lieblingsspielzeug oder durften länger fernsehen. Ein trotziges Herumbrüllen hat Ihnen nichts gebracht. Das Umschmeicheln der Eltern war viel erfolgreicher. Das haben Sie sich gemerkt.

Jetzt als Erwachsener haben Sie riesige Antennen für den Anerkennungsmangel, mit dem viele Leute herumlaufen. Sie suchen nach den Menschen, die Einfluss haben, die Ihnen etwas ermöglichen können. Sie riechen förmlich, wer von diesen einflussreichen Leuten für Schmeicheleien empfänglich ist. Dann werfen Sie den Köder aus. Sie bewundern und loben Ihre Zielperson. Immer wieder. Sie zeigen, wie toll Sie den Betreffenden finden.

In diese Schmeichel-Attacke weben Sie Ihre eigenen Interessen hinein. Sie bitten Ihre Zielperson um eine Gefälligkeit. Eine Kleinigkeit, die Ihnen sehr helfen würde. Das ist der Deal: Ihr Gegenüber wird von Ihnen bewundert, und der Betreffende zahlt dafür, indem er Ihnen hilft.

Diese Strategie finden Sie überall. Da sagt die Verkäuferin zum Kunden: »Oh, die Hose steht Ihnen aber prima. Die betont Ihre

INFO

Schmeichelei oder Kompliment?

Kurze Frage: Was unterscheidet die Schmeichelei von einem positiven Feedback oder von einem Kompliment? Ein positives Feedback und Komplimente gibt es pur – ohne Auflagen, ohne Gegenleistung. Die Schmeichelei ist gekoppelt mit einer anschließenden Gefälligkeit. Sie sollen etwas dafür tun oder dafür zahlen.

schlanke Figur. Sie sind aber auch wirklich schlank! Sie können das tragen. Das ist ganz genau Ihr Stil.« Kleine Schmeicheleien fördern den Verkauf.

Der Schmeichler benutzt andere Menschen zu seinem eigenen Vorteil. Das kann bis zum Verrat gehen: Viele mächtige, berühmte und reiche Menschen haben diese bittere Erfahrung mit diesem Typ gemacht. Kaum waren sie oben auf, schon waren Sie umgeben von vielen neuen Freunden. Leute, die aus der Freundschaft einen Nutzen ziehen wollten. Das waren die Schmeichler. Und die waren blitzschnell weg, wenn es nichts mehr zu holen gab. Die Opfer blieben am Ende einsam. Sie haben im Schmeichler keinen echten Freund gefunden, sondern nur jemanden, der sie ausgenutzt hat. Die meisten Schmeichler meinen es nicht böse. Sie benutzen einfach nur ein erlerntes Verhaltensmuster, das ihnen in der Vergangenheit viele Vorteile gebracht hat. Und sie selbst würden sich niemals »Schmeichler« nennen. Sie selbst finden ihr Verhalten auch nicht hinterlistig oder durchtrieben.

Vorsicht: Verwechseln Sie Schmeichelei nicht mit Freundschaft!

Tun Sie das nicht

Gehen Sie dem Schmeichler nicht auf den Leim. Das ist einfacher gesagt, als getan. Wie schon erwähnt, sehnen sich die meisten von uns nach Anerkennung. Wenn Sie jetzt auch noch in einer einflussreichen Position sind, wenn Sie ein wenig berühmt oder reich sind, oder auch nur einen bildschönen Körper haben, wurden Sie wahrscheinlich schon von einem Schmeichler umgarnt. Ein Schmeichler wird Sie umgarnen, wenn Sie irgendetwas haben, was er braucht. Wichtig ist, dass Sie dieses Verhaltensmuster rechtzeitig erkennen. Achten Sie auf Kopplungsgeschäfte. Was kommt nach dem Kompliment? Sollen Sie jetzt noch etwas tun?

Mit dem Schmeichler gut auskommen

Sie müssen einen Schmeichler weder angreifen, noch müssen Sie ihn verbessern. Es reicht, wenn Sie sich nicht in sein Verhaltensmuster verhaken. Der wichtigste Punkt dabei ist, Ihr Bedürfnis nach Anerkennung und Bestätigung wahrzunehmen: Ist Ihnen bewusst, dass Sie danach lechzen? Wollen Sie unbedingt vor anderen Leuten gut dastehen?

Je mehr Sie nach Bestätigung japsen, desto eher kann ein Schmeichler bei Ihnen landen. Lernen Sie, wie Sie bewusst mit Ihrem Hunger nach Anerkennung umgehen. Noch besser: Lernen Sie, wie Sie Ihren Wunsch nach Anerkennung loslassen können.

Lassen Sie die Schmeichelei einfach so stehen

Beantworten Sie jede Schmeichelei mit einem aufrichtigen »Danke«. Das Lob anderer Leute müssen Sie nicht persönlich nehmen. Es ist nur die Meinung dieser Menschen, und die gehört nicht Ihnen, sondern diese Meinung gehört den anderen. Kurz gesagt: Nicht anhaften.

Im Umgang mit dem Schmeichler können Sie etwas Wichtiges üben: Lassen Sie die Urteile, die andere Leute über Sie fällen, einfach an sich vorbeiziehen. Das betrifft die positiven Urteile wie auch die negativen. Bedanken Sie sich für das Feedback, und überlegen Sie, inwieweit die Schmeichelei des anderen auf Sie wirklich zutrifft. Überlegen Sie Folgendes: Alle Urteile, die andere über Sie fällen, können Sie ernst nehmen, aber Sie müssen sie nicht ernst nehmen. Sie entscheiden, wie Sie mit einer Schmeichelei umgehen. Die Urteile Ihrer Mitmenschen sind allesamt gleich-gültig.

Trennen Sie zwischen Schmeichelei und anschließender »Bezahlung«

Nehmen Sie die Schmeichelei gelassen entgegen – und dann ist Schluss. Hören Sie sich in Ruhe an, was der Schmeichler jetzt von Ihnen will, und sagen Sie dazu nicht automatisch Ja. Machen Sie eine Pause. Kein Kopfnicken, kein Lächeln. Nehmen Sie sich Bedenkzeit. Überlegen Sie in Ruhe, ob Sie das tun wollen, was der Schmeichler von Ihnen will. Ich empfehle Ihnen eine gut überlegte Antwort auf die Schmeichelei. Beispielsweise so: »Vielen Dank für das Kompliment. Ich habe gehört, was du dir von mir wünschst. Das möchte ich mir Ruhe durch den Kopf gehen lassen.«

Zeigen Sie dem Schmeichler, dass Sie ihn auch ohne Schmeicheleien mögen

Bitten Sie den Schmeichler immer wieder auch um kritische Äußerungen. Fragen Sie Ihren Schmeichler, ob er Verbesserungsvorschläge für Sie hat oder ob ihn etwas stört. Seien Sie aufrichtig daran interessiert, auch einmal eine negative Rückmeldung zu bekommen. Damit zeigen Sie deutlich: Ich bin unabhängig und brauche keine Schmeicheleien. Machen Sie klar, dass Ihnen Ehrlichkeit und ein realistisches Feedback wichtiger sind als ein dickes Lob.

Schmeichler sind sich oft nicht sicher, ob andere Menschen sie mögen und gern mit ihnen reden. Sorgen Sie dafür, dass der Schmeichler sich bei Ihnen sicher fühlt. Sagen Sie deutlich, was Sie wollen und was Sie nicht wollen. Halten Sie Ihre Verabredungen ein. Seien Sie jemand, auf den sich der Schmeichler verlassen kann.

Fördern Sie eine klare, sachliche Kommunikation

Sorgen Sie in den Gesprächen mit einem Schmeichler immer wieder dafür, dass die sachliche Ebene klar und deutlich ausgesprochen wird. Nach jeder Lobhudelei können Sie den Schmeichler fragen: »Worum geht es Ihnen?«, oder »Was möchten Sie von mir?« Damit fördern Sie die Sachlichkeit und verlassen den Bereich des Umgarnens. Das Gespräch wird nüchterner. Zugleich zeigen Sie dem Schmeichler auch, dass Sie die Sachebene immer klar im Blick haben.

Es liegt an Ihnen: Je mehr Sie Ihren Wunsch nach Anerkennung loslassen können, desto weniger kann man Sie mit Schmeicheleien einwickeln.

Klarheit statt Zuckerguss

Meine Erfahrung mit dem Trojanischen Pferd der netten Dame hatte am Ende etwas Gutes: Ich habe daraus viel gelernt. Die Dame hat nur das Verhaltensmuster benutzt, das ihr immer einen Vorteil gebracht hat. Ich war diejenige, die den Haken geschluckt hat. Mittlerweile favorisiere ich die klare Kommunikation, und die sieht so aus: Komplimente sind in Ordnung. Aber ich trenne die Komplimente von einer weiteren Gefälligkeit.

Kompliment? Ja, vielen Dank dafür.

Eine anschließende Gefälligkeit? Darüber denke ich in Ruhe nach. Kein automatisches Ja. Kein automatisches Nettsein, nur weil der andere mich so bewundert hat.

Hilfe, ich bin auch manchmal ein Schmeichler

Erlauben Sie es sich, Ihre Wertschätzung offen auszudrücken. Daran ist nichts verkehrt. Es wird nur problematisch, wenn Sie Ihre Wertschätzung manipulativ einsetzen, um sich dadurch Vorteile zu verschaffen. Damit gaukeln Sie Ihrem Gegenüber etwas vor, und der Kontakt, der so entsteht, beruht auf Täuschung. Die Beziehung ist unecht.

Decken Sie Ihr Verhaltensmuster auf

Werden Sie sich bewusst, wie Ihr schmeichelndes Verhaltensmuster abläuft, und stoppen Sie es rechtzeitig. Immer wenn Sie kurz davor sind, einem anderen Menschen ein Kompliment zu machen, halten Sie einen Moment inne. Das ist der Augenblick der Achtsamkeit. Spüren Sie nach, was Sie jetzt vom anderen wollen. Seien

INFO

2

Der Wert echter Freundschaft

Noch eine kleine Anregung: Denken Sie über echte Freundschaft nach. Eine Freundschaft ist eine Beziehung, die darauf beruht, dass beide gleichgestellt sind. Keiner muss sich beim anderen einschleimen. In so einer Freundschaft muss sich niemand nützlich machen. Man ist befreundet, weil man sich mag.

Sie ganz ehrlich zu sich selbst – was versprechen Sie sich von dem Kompliment?

Genau in dem Moment, indem Sie merken, was bei Ihnen los ist, entsteht eine Wahlmöglichkeit. Vielleicht wollen Sie dem anderen wirklich nur etwas Nettes sagen. Wenn Sie aber merken, dass das Schmeichelmuster anspringt, können Sie dazwischengehen. Sie können sich auch anders verhalten.

Trainieren Sie auch andere Strategien als Schmeicheln, mit denen Sie sich Ihre Wünsche erfüllen können. Wie bekommen Sie das, was Sie wollen, ohne vorher Süßholz zu raspeln? Ich kann Ihnen zwei neue Möglichkeiten anbieten:

Bitten Sie direkt um das, was Sie wollen

Das ist meine Lieblingsstrategie: Offen und klar eine Bitte formulieren – und es dem anderen überlassen, wie er darauf antworten will. Haben Sie keine Angst vor dem Nein. Das Nein ist eine mögliche Antwort auf Ihre Bitte. Doch das Ja ist auch eine mögliche Antwort. Ob Sie ein Ja oder ein Nein kassieren, wissen Sie erst, nachdem Sie

Ihre Bitte ausgesprochen haben. Nicht lange grübeln – ausprobieren. Es ist für mich immer wieder überraschend, wie gut eine klare Bitte funktioniert.

Lernen Sie, zu argumentieren

Die richtigen Argumente mit dem passenden Tonfall vorgetragen – das ist eine äußerst wirksame Strategie. Wer argumentieren kann, schafft es oft, ein Nein in ein Ja zu verwandeln. Mit guten Argumenten können Sie Ihren Gesprächspartner umstimmen. Trainieren Sie Ihre Überzeugungskraft. Lernen Sie, wie Sie Ihre Wünsche mit guten Argumenten anbringen können.

Was Sie vom Schmeichler lernen können

Natürlich wollen wir das reizende Verhalten nicht hundertprozentig übernehmen. Aber auch in der Schmeichelei steckt eine Kernkompetenz, und zwar: Anerkennung geben.
Sie können den Menschen in Ihrem Alltag Anerkennung geben, und zwar unabhängig von Rang und Status. Das fängt bei Ihren Liebsten an, geht weiter zur Verkäuferin in der Bäckerei, zum Kollegen, zu Ihren Nachbarn, Verwandten und Freunden. Alle diese Menschen bereichern Ihr Leben jeden Tag. Schmeichelei ist hinterlistig, aber ehrliche Anerkennung will nichts vom anderen. Sie ist der Ausdruck echter Freude. Zeigen Sie Ihre Freude.

Jede **Wertschätzung,** die Sie anderen Menschen geben, **bereichert** Ihr eigenes Leben.

INFO

Ihre Erste Hilfe, wenn andere Leute schwierig werden

Die meisten Menschen kündigen es nicht an, wenn sie schwierig werden. Deshalb werden Sie im Alltag oft überrascht. Sie haben nicht damit gerechnet, dass Ihr Gegenüber sich plötzlich so reizend benimmt. Sie fallen aus allen Wolken, weil Ihr Gesprächspartner auf einmal seltsame Bemerkungen macht. Was können Sie jetzt tun? Wie können Sie sich in so einer Situation schnell retten? Hier kommen einige erprobte Tipps:

→ Ignorieren Sie das schwierige Verhalten. Sie müssen nicht auf die Seltsamkeiten Ihres Gegenübers reagieren. Sie entscheiden, worauf Sie eingehen wollen. Es steht Ihnen frei, das reizende Verhalten einfach zu übersehen und zu überhören. Tun Sie so, als wäre nichts passiert.

→ Sagen Sie Ihrem reizenden Menschen, dass Sie irritiert sind. Sagen Sie nicht mehr und auch nicht weniger. Mit dieser kurzen Botschaft greifen Sie den anderen nicht an. Aber Sie machen deutlich, dass die Situation für Sie nicht mehr stimmig ist. Damit kommen Sie sofort vom Haken.

→ Verschaffen Sie sich Bedenkzeit, und unterbrechen Sie den Kontakt. Vermeiden Sie vorschnelle Reaktionen, mit denen Sie sich womöglich selbst Schaden zufügen. Es ist Ihr gutes Recht, ein Gespräch zu unterbrechen, um in Ruhe nachzudenken. Ohne Ihren schwierigen Menschen können Sie bessere Entscheidungen treffen.

Nach der Begegnung atmen Sie tief aus. Wenn nötig, bewegen Sie sich, um aus der Anspannung herauszukommen, und sagen Sie im Stillen zu sich selbst: »Das lass ich so stehen. Das kann ich jetzt loslassen, und mir geht es gut.«

Mein schwieriger Typ ist anders

3

Schwierige Typen sind wie eine nachwachsende Ressource. Kaum haben Sie einen in den Griff bekommen, tauchen zwei neue auf. Gut möglich, dass der schwierige Typ, der Sie momentan plagt – und auch der, der Sie künftig plagen wird – in diesem Buch nicht beschrieben wurde. Aber nachdem Sie alles gelesen haben, sind Sie sehr gut gewappnet. Nehmen Sie meine Tipps, und wenden Sie sie auf Ihren Spezialfall an.

Wie Sie sich im Alltag selbst helfen können

Lassen Sie die Schwierigkeiten mit einem anderen Menschen nicht zu groß werden. Warten Sie nicht zu lange, bis Sie das Problem anpacken. Je länger Sie warten, desto mehr Frust baut sich in Ihnen auf. Und dabei verfestigt sich das negative Bild, das Sie sich von Ihrem schwierigen Menschen gemacht haben. Besser ist es, wenn Sie die nachfolgenden Werkzeuge sofort anwenden, wenn jemand anfängt, für Sie reizend zu werden. Bekämpfen Sie die Schwierigkeiten mit Ihrem Gegenüber, so lange sie noch klein sind. Manchmal reicht schon ein einziges Werkzeug, um die Beziehung zu verbessern.

Wie sieht das reizende Verhalten genau aus?

Kommen Sie zuerst raus aus Ihren urteilenden Gedanken. Lassen Sie Ihre Bewertungen los, und beschreiben Sie das reizende Verhalten in neutralen Worten, so als würden Sie einen Bericht für die Fernsehnachrichten verfassen. Sagen Sie nicht einfach: »Der benimmt sich unmöglich«, sondern beschreiben Sie genau, was dieser Mensch tut und warum Sie das so reizt. Tun Sie das nur für sich, im Stillen.

Damit trennen Sie zwei Dinge:

→ Erstens die Tatsachen, also das, was passiert ist.

→ Zweitens Ihre Gedanken, die Sie sich darüber gemacht haben, also wie Sie das Verhalten des anderen beurteilen.

Vermischen Sie die beiden Aspekte nicht. Halten Sie sich an die Tatsachen.

Prüfen Sie, wo Sie sich verhakt haben

Solange Sie sich in das reizende Verhaltensmuster Ihres schwierigen Typen verwickeln, werden Sie eine Menge Stress haben. Sie hängen am Haken – und am Haken zu zappeln, tut weh, denn Sie stechen sich immer wieder. Es ist Ihr Job, vom Haken runterzukommen. Hören Sie auf, sich in das schwierige Verhalten des anderen zu verwickeln. Die folgenden Fragen weisen jeweils auf einen Haken hin, an dem Sie vielleicht festhängen.

1 Erwarten Sie von Ihrem schwierigen Mitmenschen etwas, das der im Moment gar nicht leisten kann?

2 Glauben Sie, dass dieser reizende Mensch dafür zuständig ist, dass Sie zufrieden oder glücklich sind?

3 Geben Sie Ihrem reizenden Mitmenschen die Schuld daran, dass Sie sich so mies fühlen?

4 Macht Ihr schwieriger Typ etwas, das Sie sich selbst nicht erlauben? Vielleicht haben Sie jahrelang geübt, um sich nicht so zu verhalten, wie Ihr schwieriger Mensch. Oder Sie haben tief verinnerlicht, dass man sich nicht so benehmen darf. Dann ist es wahrscheinlich, dass Sie bei anderen Leuten darauf sehr gereizt reagieren.

Verhakt: Jetzt wird's stressig.

Alle vier Fragen helfen Ihnen dabei, Ihre innere Einstellung besser zu erkennen. Achten Sie besonders auf die ersten Impulse, die Ihnen beim Lesen dieser Fragen kommen.

Sie können vielleicht Ihren schwierigen Menschen nicht ändern. Aber Sie können Ihre innere Einstellung ändern. Und damit geben Sie sich selbst die Chance, sich zu verändern. Bei Ihnen fängt die Veränderung an, die Sie sich wünschen.

Kommen Sie mit sich ins Reine

Für Ihre Gefühle und Ihr Denken sind Sie zuständig. Falls sich bei Ihnen Bitterkeit, Groll und Empörung angesammelt haben, brauchen Sie zuerst selbst eine Stärkung, bevor Sie Ihren schwierigen Typen behandeln können. Denn solange Sie in Ihren bitteren Gefühlen baden, wird alles, was Sie anpacken, die Sache noch schlimmer machen. Werden Sie sich bewusst, wie viel Negativität sich in Ihnen aufgestaut hat. Spüren Sie, wie es Ihnen in Bezug auf Ihren schwierigen Typ geht.

Ich empfehle Ihnen Folgendes: Lernen Sie das Zulassen und das Loslassen. Fühlen Sie die Gefühle, und lassen Sie sie dann abfließen. Gleichzeitig verlassen Sie Ihr Kopftheater. Lassen Sie die Gedanken oder Erinnerungen los, und hören Sie auf, diese Gefühle immer wieder neu zu erzeugen.

Das Zulassen und Loslassen sorgt dafür, dass Sie in Ihre Mitte kommen. Sie kommen mit sich ins Reine. Von dort aus können Sie fair und gelassen mit Ihrem schwierigen Mitmenschen reden.

Können Sie das schwierige Verhalten ignorieren?

Vielleicht ist das, was Sie stört, eigentlich nur eine Kleinigkeit. Sie mögen das Verhalten des Betreffenden nicht, aber eigentlich schadet es Ihnen auch nicht direkt. Es ist eine Macke des anderen, eine Marotte, eine Unhöflichkeit. Sie könnten auch großzügig darüber hinwegsehen. Deshalb frage ich Sie: Gibt es eine Möglichkeit, dass Sie sich von diesem Verhalten nicht treffen lassen? Könnten Sie diese Macke beim anderen in Zukunft ignorieren?

Prüfen Sie, ob Sie eine bessere Abgrenzung brauchen

Können Sie eine Grenze ziehen, sodass sich der schwierige Typ nicht in Ihrem Leben austoben kann? Gibt es ein Bis-hierher-und-nicht-weiter? Oft reicht es, eine klare Grenze zu ziehen. Das kön-

Neinsagen mit Beharrlichkeit

Bevor Sie mit Ihrem Gegenüber sprechen, machen Sie sich zuerst klar, dass Sie das Recht haben, Nein zu sagen. Und dass es nicht Ihre Aufgabe ist, dafür zu sorgen, dass Ihre Mitmenschen ständig glücklich oder zufrieden sind. Sie dürfen Nein sagen, auch wenn Ihre Mitmenschen sich dabei unwohl fühlen.

→ Richten Sie zu Beginn des Gesprächs Ihren Körper auf.

→ Nehmen Sie Blickkontakt zu Ihrem Gegenüber auf.

→ Sagen Sie deutlich, in kurzen Sätzen, was Sie ablehnen oder nicht mehr tun wollen. Begründen Sie Ihre Entscheidung kurz.

→ Hören Sie dann Ihrem Gegenüber aufmerksam zu.

→ Wiederholen Sie kurz in eigenen Worten die Gegenargumente des anderen. Damit zeigen Sie Ihr Verständnis für seine Argumente. Betonen Sie sofort Ihr Nein, und fügen Sie eine neue Begründung hinzu.

Zum Beispiel: »Ich möchte das in Zukunft nicht mehr tun, weil ich ... (hier kommt Ihre Begründung)«

Hören Sie gut zu, was Ihr Gesprächspartner antwortet.

Wiederholen Sie, was Ihr Gegenüber gesagt hat mit eigenen Worten: »Wenn ich dich richtig verstehe, meinst du ...«

Fügen Sie beharrlich Ihr Nein hinzu: »Und ich möchte das nicht mehr tun, weil ich ... (hier geben Sie noch eine Begründung)«

Wiederholen Sie Ihr Nein – bis Ihr Gesprächspartner merkt, dass er Sie nicht davon abbringen kann.

Denken Sie daran: Verständnis für den anderen zu haben, heißt nicht, dass Sie auf Ihr Nein verzichten müssen.

nen Sie in einem freundlichen Gespräch tun. Stecken Sie – ohne ein Drama zu veranstalten – Ihren Bereich ab. Bleiben Sie freundlich und beharrlich, bis der Betreffende begriffen hat, dass Sie es ernst meinen.

Überlegen Sie auch Folgendes: Wäre es für Sie eine Erleichterung, wenn einige Dinge zwischen Ihnen und dem schwierigen Typen besser aufgeteilt wären, wie etwa eine klare Verteilung bei den Aufgaben, bei den Zuständigkeiten, bei den Terminen und bei bestimmten Gegenständen? Sorgen Sie dafür, dass die alltäglichen Abläufe so geregelt sind, dass Sie und Ihr schwieriger Typ nicht andauernd aneinandergeraten.

Verhandeln Sie über neue Regeln

Statt den anderen umzukrempeln, reden Sie mit ihm über ein paar Dinge, die er vielleicht anders machen kann. Es geht um konkretes Verhalten. Verhandeln Sie darüber: Sagen Sie Ihrem schwierigen Mitmenschen, was Sie gerne in Zukunft anders abwickeln möchten. Suchen Sie nach Regelungen, die es Ihnen ermöglichen, mit dem Betreffenden gut auszukommen. Führen Sie darüber eine konkrete Verhandlung. Vermeiden Sie ein abstraktes Beziehungsproblemgespräch. Das bringt meistens nichts.

Überprüfen Sie, ob der schwierige Typ Ihnen wenigstens etwas entgegenkommen kann. Da es sich um eine Verhandlung handelt, bieten Sie im Gegenzug auch etwas an.

Vielleicht sind auch Sie für denjenigen hin und wieder reizend. Deshalb könnte auch Ihr Gegenüber Sie darum bitten, dass Sie sich anders verhalten. Seien Sie bereit, sich die Wünsche Ihres Gegenübers anzuhören und darauf einzugehen. Wichtig ist, dass Sie mit dem anderen nicht kämpfen oder streiten, um zu gewinnen. Führen Sie eine echte Verhandlung. Am Ende geht es um präzise Absprachen mit dem anderen: Das mache ich künftig, und das machst du künftig. Das mache ich nicht mehr und das machst du nicht mehr.

Halten Sie die Vereinbarungen notfalls schriftlich fest.

Sich trennen oder bleiben?

Ich meine es ernst, wenn ich in diesem Buch davon spreche, dass Sie für Ihre Zufriedenheit und für Ihr Glück selbst verantwortlich sind. Bleiben Sie nicht bei den Leuten, die Sie schlecht behandeln, und vertiefen Sie nicht den Kontakt zu dem Menschen, der Sie quält. Wenn Sie in der Gegenwart eines Menschen nur noch leiden, wird es Zeit für ein paar grundsätzliche Überlegungen. Nutzen Sie die Tipps und Hinweise aus diesem Buch, um an der Situation etwas zu ändern. Noch einmal: Bevor Sie eine schwerwiegende Entscheidung treffen, überlegen Sie, ob es besser wäre,

INFO

Holen Sie sich Hilfe

Einige schwierige Typen können uns extrem reizen. Wenn Sie das Gefühl haben, dieser Zeitgenosse überfordert Sie, oder er reizt Sie bis aufs Blut, dann lassen Sie sich beraten. Sie müssen nicht allein auf alle Lösungen kommen. Holen Sie sich einen Coach oder einen Therapeuten, um alles in Ruhe mit einem Menschen durchzusprechen, der auf Ihrer Seite ist.

das ganze Problem auch mit einem Coach oder Psychotherapeuten zu besprechen.

Sie haben auch die Möglichkeit, den Kontakt zu Ihrem schwierigen Typ auf ein Minimum zu reduzieren. Mir fällt dabei ein junger Mann ein, der Zeit seines Lebens von seinem Vater gepiesackt und verspottet wurde. Dieser junge Mann tat alles, um sich gegen den Vater zu wehren – ohne Erfolg. Am Ende entschied er sich dafür, seinen Vater nur noch sehr selten zu besuchen, etwa alle zwei Jahre. Diese Besuche begrenzte er auf genau eine halbe Stunde. Mit seiner Mutter, mit der er sich gut verstand, traf er sich extra, ohne den Vater. Ansonsten telefonierte er zwei Mal im Jahr mit seinem Vater. Auch dabei begrenzte er die Gesprächszeit auf zehn Minuten. Der Vater blieb, wie er war. Aber der junge Mann setzte sich seinen Attacken viel seltener aus und hatte dadurch weniger Stress in seinem Leben.

Lassen Sie uns an dieser Stelle auch dem Ende einer Beziehung in die Augen schauen – und lassen Sie uns das ganz nüchtern tun. Es gibt Menschen, die so schwierig sind, dass Sie sich vielleicht von ihnen ganz und gar trennen müssen. Auch wenn es für Sie jetzt vielleicht hart klingt, Sie können sich von jedem Menschen trennen. Sie gehören keinem Menschen. Sie sind kein Sklave – von niemandem. An dieser Stelle kommt jetzt oft ein großes Aber: Aber das geht doch nicht immer. Man kann sich doch nicht von jedem Menschen trennen. Doch das geht. Es ist oft nur sehr unangenehm. Nicht nur Geschäftsbeziehungen, Freundschaften, Ehen und Partnerschaften lassen sich auflösen. Auch die Beziehung von Eltern zu ihren Kindern kann getrennt werden. Denken Sie an all die Kinder, die nicht bei ihren leiblichen Eltern aufwachsen, sondern bei Adoptiveltern, in Pflegefamilien, in Heimen oder in Internaten.

Nicht immer sind zwischenmenschliche Schwierigkeiten der Grund dafür. Aber die können durchaus auch eine Rolle spielen. Denken Sie auch an die vielen Jugendlichen und Erwachsenen, die den Kontakt zu ihren Eltern vollständig abgebrochen haben.

Ja, Sie können sich von jedem Menschen in Ihrem Leben trennen. Sie müssen nicht dort bleiben, wo man Sie schlecht behandelt. Sie können sich etwas Besseres suchen.

Wenn Sie die Entscheidung treffen, den Kontakt abzubrechen, kostet Sie das etwas. Es kostet Sie Unannehmlichkeiten. Das können Seelenqualen sein einschließlich schlafloser Nächte, viel Stress, aber auch der Verlust von Geld und Anerkennung sowie Gewissensbisse. Das ist der mögliche Preis, den Sie zahlen, wenn Sie weggehen oder den Kontakt abbrechen.

Wenn Sie in einer quälenden privaten oder beruflichen Beziehung bleiben, kostet Sie das auch etwas. Sie leiden seelisch und vielleicht sogar körperlich. Sie erleben viel Stress, schlaflose Nächte, Selbstzweifel, vielleicht verlieren Sic auch Geld und Anerkennung.

Beides, das Weggehen und das Bleiben, kostet Sie etwas. Für beides zahlen Sie einen Preis.

Die Frage ist nur, was kostet Sie am meisten? Welche Unannehmlichkeiten sind Sie bereit zu ertragen?

Schlusswort

Verzeihen als Neubeginn

Die Top-Meisterklasse im Umgang mit schwierigen Menschen habe ich bisher nicht wähnt. Es ist die vielleicht größte Herausforderung für uns alle: dem anderen verzeihen können und nicht nachtragend sein.

Verzeihen können bedeutet, dass Sie loslassen können. Wohlwollend loslassen. Nehmen Sie Ihren Ärger von gestern nicht mit in die Gegenwart. Verzeihen Sie auch dem Menschen, mit dem Sie sich vor drei Jahren gestritten haben. Die Vergangenheit ist vorbei. Fangen Sie heute neu an, und lassen Sie die Kränkungen von damals los. Verzichten Sie auf Rache, und sehen Sie sich selbst nicht als Opfer. Damit verzeihen Sie auch sich selbst. Sie lassen alles los, was Sie in der Vergangenheit getan haben.

Sich selbst und dem anderen nichts mehr nachtragen – das ist das größte Kunststück im Umgang mit schwierigen Menschen.

Es lohnt sich, dieses Kunststück jeden Tag zu üben. Ja, auch das Verzeihen ist reine Übungssache. Eine tägliche Übung, die uns das Leben sehr erleichtert.

Dabei wünsche Ich Ihnen von Herzen viel Erfolg.

Zum Schluss möchte ich Ihnen eine kurze Geschichte erzählen, die ich irgendwo gehört habe. Diese Geschichte kursiert in unterschiedlichen Fassungen. Ich kenne sie so:

Ein alter Mann spricht mit seinem Enkelkind.

Der alte Mann erzählt:

»In unseren Herzen wohnen zwei Wölfe, die ständig miteinander ringen.

Der eine Wolf ist der Hass, und der andere Wolf ist die Güte.«

Das Enkelkind fragt neugierig:

»Und welcher Wolf gewinnt?«

Der alte Mann antwortet:

»Der, den du fütterst.«

Bücher und Adressen, die weiterhelfen

Bücher

Berckhan, Barbara: *Leicht und locker kommunizieren. So finden Sie eine gemeinsame Wellenlänge.* Kösel Verlag, München.

Berckhan, Barbara: *Jetzt reicht's mir. Kritik austeilen und einstecken können.* Kösel Verlag, München

Berckhan, Barbara: *Judo mit Worten. Wie Sie gelassen Kontra geben.* Kösel Verlag, München

Berckhan, Barbara: *Sanfte Selbstbehauptung. Die 5 besten Strategien, sich souverän durchzusetzen.* Goldmann Verlag, München

Byron, Katie: *Lieben was ist. Wie vier Fragen Ihr Leben verändern können.* Goldmann Verlag, München

Byron, Katie und Katz, Michael: *Ich brauche deine Liebe – stimmt das? Liebe finden, ohne danach zu suchen.* Goldmann Verlag, München

Joppe, Johanna und Ganowski, Christian: *Einfach gut entscheiden.* Humboldt Verlag, Hannover

Kabat-Zinn, Jon: *Zur Besinnung kommen. Die Weisheit der Sinne und der Sinn der Achtsamkeit in einer aus der Fugen geratenen Welt.* Arbor Verlag, Freiburg im Breisgau

Nietzsche, Friedrich: *Menschliches, Allzumenschliches. Ein Buch für freie Geister.* Insel Verlag, Frankfurt am Main

Maex, Edel: *Mindfulness. Der achtsame Weg durch die Turbulenzen des Lebens.* Arbor Verlag, Freiburg im Breisgau

Marx, Susanne: *Focusingkompakt: Dein Körper kennt die Lösung: die Selbsthilfemethode.* VAK Verlag, Kirchzarten

Schulz von Thun, Friedemann: *Miteinander reden, 2. Stile, Werte und Persönlichkeitsentwicklung,* rororo Taschenbuch, Reinbek bei Hamburg

Siegel, Ronald D.: *Achtsamkeit als Weg. Wie wir den Unwägbarkeiten des Lebens achtsam begegnen können.* Arbor Verlag, Freiburg im Breisgau

Website der Autorin

www.barbara-berckhan.de

Bücher aus dem Gräfe und Unzer Verlag

Berckhan, Barbara: *Einfach selbstsicher. Das Soforthilfe-Programm für mehr Gelassenheit und Souveränität.*

Bonneau, Elisabeth: *Knigge für Individualisten … für alle, die sich nicht verbiegen wollen*

Engelbrecht, Sigrid: *Lass dich nicht vereinnahmen. Die beste Strategie, sich von den Ansprüchen anderer zu befreien*

Engelbrecht, Sigrid: *Lass los, was dich klein macht. Die sieben Schlüssel zu mehr Selbstwertgefühl*

Kaspari, Sabine: *Naikan – die Kraft der Versöhnung. Mit der buddhistischen 3-Fragen-Methode zu innerem Frieden*

Molinari, Paola: *Lebe statt zu funktionieren. So nutzen Sie die Kraft der Intuition*

Die werden Sie auch lieben.

ISBN 978-3-8338-2131-8

ISBN 978-3-8338-1916-2

ISBN 978-3-8338-2380-0

ISBN 978-3-8338-0787-9

ISBN 978-3-8338-0250-8

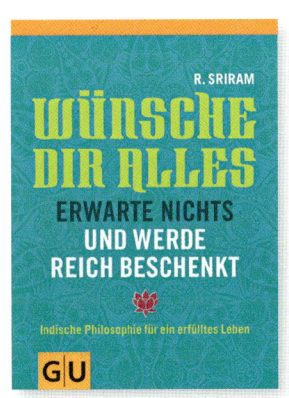

ISBN 978-3-8338-2478-4

www.gu.de: Blättern Sie in unseren Büchern, entdecken Sie wertvolle Hintergrundinformationen sowie unsere Neuerscheinungen.

Willkommen im Leben.

Impressum

© 2012 GRÄFE UND UNZER VERLAG GmbH, München. Alle Rechte vorbehalten. Nachdruck, auch auszugsweise, sowie Verbreitung durch Bild, Funk, Fernsehen, Internet, durch fotomechanische Wiedergabe, Tonträger und Datenverarbeitungssysteme jeder Art nur mit schriftlicher Genehmigung des Verlages.

Projektleitung und Bildredaktion
Nikola Hirmer

Lektorat
Ulrike Schöber, Dortmund

Korrektorat
Eva Dotterweich

Umschlaggestaltung und Layout
independent Medien-Design, Horst Moser, München

Herstellung
Anna Bäumner

Satz
Christopher Hammond

Litho
medienprinzen GmbH München

Druck und Bindung
Druckhaus Kaufmann, Lahr

ISBN 978-3-8338-2738-9

1. Auflage 2012

Bildnachweis
Zeichnungen: Uli Krappen
Cover: Hans Döring

Syndication
www.jalag-syndication.de

Umwelthinweis
Dieses Buch ist auf PEFC-zertifiziertem Papier aus nachhaltiger Waldwirtschaft gedruckt.

Wichtiger Hinweis

Die Beiträge in diesem Buch sind sorgfältig recherchiert und entsprechen dem aktuellen Stand. Dennoch können weder die Autorin noch der Verlag für eventuelle Schäden oder Nachteile haften, die aus den im Buch gegebenen praktischen Hinweisen oder dem Umgang mit Nörglern, Quasselstrippen und anderen schwierigen Menschen entstehen.

www.facebook.com/gu.verlag

GRÄFE UND UNZER

Ein Unternehmen der
GANSKE VERLAGSGRUPPE